AF332555

DE

L'ACTION CIVILE

RÉSULTANT D'UN FAIT PUNISSABLE

PRÉCÉDÉE D'UNE

ÉTUDE SUR LA LOI AQUILIA

PAR

Paul BAISIER,

AVOCAT A LA COUR IMPÉRIALE DE PARIS.

THÈSE POUR LE DOCTORAT

PARIS

IMPRIMERIE DE Vᵉ GOUPY ET Cⁱᵉ

5, RUE GARANCIÈRE, 5.

1864

DE

L'ACTION CIVILE

RÉSULTANT D'UN FAIT PUNISSABLE

PRÉCÉDÉE D'UNE

ÉTUDE SUR LA LOI AQUILIA

PAR

Paul BAISIER,

AVOCAT A LA COUR IMPÉRIALE DE PARIS.

THÈSE POUR LE DOCTORAT

PARIS

IMPRIMERIE DE Ve GOUPY ET Cie

5, RUE GARANCIÈRE, 5.

1861

F. 28684
28684
S 147151

A MON PÈRE

A MA MÈRE — A MA SŒUR

A MON SAVANT ET VÉNÉRÉ MAITRE

M. VALETTE,

HOMMAGE DE RESPECTUEUSE ET VIVE GRATITUDE.

DE L'ACTION CIVILE

RÉSULTANT D'UN FAIT PUNISSABLE.

INTRODUCTION.

En frappant d'une peine les crimes et les délits, le pouvoir social n'a pas entièrement accompli son œuvre; une infraction à la loi pénale ne trouble pas seulement l'ordre général de la cité; il est bien rare qu'elle n'atteigne pas du même coup quelque intérêt privé. La société châtie le coupable pour assurer sa conservation et son bien-être; elle lui inflige un mal en expiation du mal qu'il a commis, comme elle récompense le bien, pour obéir à la justice qui veut aux actions humaines une semblable rémunération. Mais la justice oblige aussi celui qui a causé à quelqu'un un préjudice, à le réparer, et la société, sous la protection de laquelle sont placés les droits de ses membres, ne peut souffrir qu'ils soient impunément violés, sous peine de voir soupçonner sa faiblesse et l'impuissance des pouvoirs publics à garder les intérêts confiés à leur vigilance. Les mêmes nécessités de conservation et de bien-être, qui ont armé la société du droit de punir les actes coupables, lui imposent l'obligation de veiller à la réparation du dommage que ces actes ont causé aux particuliers, en sorte que le précepte de droit donné par le jurisconsulte romain : *alterum non lædere,* n'est point seulement un principe de droit civil et que la sanction doit s'en trouver dans le droit public de toute nation policée.

Quand un crime, quand un délit est commis, la cité tout entière est intéressée à ce que les traces qu'il a laissées au milieu d'elle soient au plus tôt effacées; la peine lui donne la première satisfaction qu'elle réclame; mais si la peine venge l'injure, elle ne répare pas le préjudice, et l'intérêt privé en souffrance réclame à son tour une satisfaction légitime sans laquelle la victime ne sera qu'incomplétement rassurée, l'ordre général imparfaitement rétabli. Ainsi, pour que la réparation soit complète, il faut qu'à la peine se joigne l'indemnité. Deux intérêts ont été lésés par le crime : l'intérêt social, l'intérêt privé; il y a une double lésion, une double réparation est nécessaire : la réparation sociale, c'est-à-dire l'application d'une peine, la punition de l'infraction; la réparation privée, c'est-à-dire le payement du dommage causé par le fait. Sans doute, rien ici-bas ne peut faire revivre ce que le crime a détruit, et le mal causé n'est jamais complétement effacé ; l'expiation de la peine sera souvent incomplète, le dédomagemment de l'indemnité illusoire ; mais la justice humaine ne peut faire autre chose : punir et indemniser.

Pour obtenir ces deux réparations distinctes, le droit met au service des intérêts lésés deux actions différentes ; la première destinée à la société elle-même, c'est *l'action publique* ; la seconde donnée aux particuliers, c'est *l'action civile*. Cette dernière action sera l'objet de ce travail ; mais, on le comprend facilement, nous ne pourrons jamais négliger complétement l'action publique. Sortant du même fait, confondues dans une source commune, les deux actions tendent au même but, se dirigent vers un résultat commun, la réparation générale du mal causé par l'infraction, réparation qu'elles complètent par leur concours. Si l'action publique ne s'occupe en général que de l'intérêt social dont elle est l'organe, elle ne peut perdre entièrement de vue l'intérêt particulier dont la satisfaction rentre dans le bon ordre de la cité. D'autre part, si l'action civile poursuit vant tout la réparation du dommage privé, elle a souvent aussi pour mobile la punition même de l'infraction ; en établissant la culpabilité de son auteur, la victime prouve son droit aux dommages-intérêts, et d'ailleurs, ce n'est pas seulement le rétablissement de sa fortune qu'elle réclame, c'est aussi la sécurité, sinon a vengeance, et la peine seule peut la lui donner. Ainsi, les deux actions s'appuient l'une sur l'autre ; elles se provoquent et s'éclairent mutuellement ; quoiqu'elles représentent un principe différent, qu'elles tendent immédiatement chacune à un but bien distinct, elles se rencontrent, elles se touchent et parfois même arrivent à se confondre.

Cette confusion, tout accidentelle, a longtemps fait méconnaître les vrais principes de la réparation des crimes et des délits et les conséquences que la science juridique en doit tirer; l'analyse moderne est seule venue dégager les deux formes que la raison assigne à cette réparation. Il s'en faut de beaucoup qu'on trouve chez les Romains les notions rationnelles qui ont inspiré les législations contemporaines; ces grands jurisconsultes dont on a pu dire que leurs œuvres étaient la raison écrite ne nous ont pas laissé, en tout ce qui concerne le droit criminel, de ces admirables enseignements que nous recevions avec reconnaissance, pour les transmettre respectueusement aux générations futures. Les Romains ne surent pas faire, dans la poursuite des actes criminels, la part exacte de l'intérêt social et de l'intérêt particulier. L'action privée, avons-nous dit, n'a qu'un but, obtenir l'indemnité destinée à effacer le préjudice causé par l'acte coupable, et qui est, en effet, la seule réparation qu'un citoyen puisse personnellement exiger; l'application de la peine est l'objet de l'action publique qui représente l'intérêt de la société, et la société seule est en droit d'infliger au coupable une expiation qui sorte des limites de l'indemnité. Or, dans des cas nombreux, le Romains confondirent la peine avec l'indemnité et subordonnèrent l'action publique à l'action privée, ou plutôt absorbèrent la première dans la seconde. Ce spectacle que toutes les nations anciennes nous présentent n'a rien d'étonnant en lui-même quand on l'éclaire des vives lumières que la philosophie jette sur l'histoire.

L'idée abstraite de corps social n'est pas de ces conceptions qui pénètrent facilement dans l'esprit des peuples primitifs; à l'origine des nations, les rapports sociaux ne sont pas définis, les pouvoirs publics ne sont pas organisés. Les premières agrégations d'hommes qui ont pris le nom de nations, ne se sont formées que de réunions de familles nomades ou de guerriers barbares, et le caractère d'individualisme de ces réunions premières persista même quand elles se furent étendues. Dans de semblables sociétés, la violence des passions et la brutalité des mœurs n'ont d'autre frein que la force que chaque individu peut opposer aux entreprises et aux attaques de ceux avec qui il doit vivre; les institutions, même les coutumes qui caractérisent et défendent la liberté et les droits de chacun, ne sont pas encore développées ni comprises. Ce qui se développe, ce sont les existences individuelles, chacune pour son compte; ce qui est compris, ce sont les intérêts personnels avec la force pour les protéger. Les actes de violence appellent la vengeance, et, quand l'individu est trop faible dans son isolement, sa famille, prenant en main sa cause, provoque au combat l'agresseur et ses compagnons : c'est par des guerres privées que s'expient les crimes. L'histoire ne ustifie que trop cette désolante parole placée par Montesquieu en tête de son *Esprit des lois :* « Sitôt que les hommes sont en société, ils perdent le sentiment de leur faiblesse, l'égalité qui était entre eux cesse, et l'état de guerre commence..... Les particuliers dans chaque société commencent à sentir leur force ; ils cherchent à tourner en leur faveur les principaux avantages de cette société, ce qui fait entre eux un état de guerre. » Abusant de cette triste vérité, Hobbes a pu vanter le calme du despotisme, Rousseau célébrer l'indépendance de la vie sauvage. « Le véritable philosophe en fait naître la salutaire nécessité des lois, qui sont un traité de paix perpétuel pour les citoyens (1). » Mais pour en arriver à la paix et au règne de la loi, il faut que ce chaos se débrouille aux premières lueurs de la civilisation ; c'est alors seulement qu'apparaît la notion du droit, que la cité s'organise et que l'intérêt commun qui unit ses membres commence à être compris ; c'est alors seulement qu'on voit se constituer des autorités veillant à l'ordre général, à la protection des opprimés, à qui la personne offensée confie le soin de venger son injure. L'idée qui préside à la punition du coupable n'est pas encore une idée de justice, c'est toujours une idée de vengeance. La vengeance s'exerce sous une forme nouvelle ; elle reste la source et la légitimité de la répression. Or, comme la vengeance n'est légitime que lorsqu'elle suit l'offense, il en résulte né-

______

(1) M. Villemain, *Éloge de Montesquieu.*

cessairement que la poursuite qui en était l'expression,
dut être dans les premiers temps exclusivement confiée
aux parties offensées. « L'action privée a donc précédé
l'action publique. Celle-ci qui représente l'intérêt de
la cité à côté de l'intérêt individuel, et qui place la
solidarité de la société à côté des actions de chacun de
ses membres, suppose un grand développement de
l'état social. Elle devint assez promptement l'un des
éléments de l'action privée, mais elle ne parvint que
lentement et par degrés à s'en dégager (1). »

Nous avons vu ce phénomène se produire chez les peuples germains, lorsque plus solidement établis sur notre
sol, ils commencèrent à former une nation plus régulièrement organisée. Il se produisit incontestablement
à Rome ; nous ne savons rien de précis sur ses temps
fabuleux ; mais ce n'est pas outrager la mémoire d'un
grand peuple que de dire que ses origines présentèrent
le lamentable spectacle de toutes les barbaries. Ce qui
le prouve, c'est le caractère que présente sa législation
pénale : l'action publique ne fut organisée que très-
tard, dans le viie siècle de la république, par la création
des *Quæstiones perpetuæ.* Une loi particulière vint ca-
ractériser chaque crime d'une gravité spéciale, en fixer
la peine, en régler la procédure et créer une délégation

(1) Faustin Hélie, *Traité de l'instruction criminelle*, t. II, p. 45.
J'aurai souvent l'occasion de citer cet excellent ouvrage ; il a été mon
guide dans toute cette étude ; rendre à son éminent auteur l'hommage
que réclament sa science et son talent est donc pour moi un devoir
de reconnaissance.

perpétuelle (*Quæstio perpetua*) qui donnait pour tou-
ours, à une sorte de tribunal, la connaissance de
tous les crimes du même genre. Mais il ne s'agissait là que des délits qui attaquaient directement
l'État ou qui compromettaient gravement l'ordre général ; pour les délits qui semblaient n'atteindre qu'un
intérêt particulier et qu'on nomma pour cela *délits privés*, la poursuite resta abandonnée aux personnes offensées ; car elle n'avait pour but que la réparation du
préjudice privé. La société paraissait complétement
désintéressée dans la répression d'un acte dirigé spécialement contre un citoyen ; l'immoralité de l'acte, le
dangereux exemple qu'il fournit aux passions mau-
vaises étaient à peine aperçus et l'on ne considérait
que le résultat immédiat qu'il avait produit. On crut
assez faire pour la morale et l'exemple en donnant à la
victime du délit le droit de réclamer une indemnité
supérieure au dommage qu'elle avait souffert ; l'excédant était regardé comme une espèce d'amende imposée au coupable à titre de peine. Quelquefois à l'amende
poursuivie par l'action de la partie privée, s'adjoignait
un châtiment public, quand l'acte était de ceux pour
lesquels la société commençait à s'émouvoir, en sorte
que le coupable pouvait subir deux peines pour une
seule faute ; tandis que la victime, profitant de l'amende,
recevait deux indemnités pour un seul dommage ;
mais, je le répète, ce châtiment public ne parut qu'assez
tard, quand se dégagea de la grossièreté des premiers
temps la conception de l'intérêt social ; il n'est pas

douteux qu'à l'origine l'État ne soit intervenu que pour réprimer les attaques dirigées contre son existence même. Pour les crimes qui blessent principalement des particuliers, la peine fut pécuniaire : c'est là le propre de toutes les législations barbares. Le barbare est presque indifférent à la douleur physique et les peines capitales l'impressionnent peu ; mais l'avarice est sa passion dominante et il est très-sensible aux amendes. Est-il nécessaire de prouver cette assertion par quelque exemple? N'avons-nous pas les Germains avec leur système de *compositions*?

D'ailleurs, du moment qu'on admet, ce qui est incontestable, que dans l'origine des nations, la poursuite des délits fut abandonnée aux personnes qu'ils avaient lésées, il faut accorder que la peine de ces délits dut être pécuniaire. Puisque la peine fut destinée à empêcher le retour des guerres privées, qu'elle fut créée dans l'intérêt des parties lésées, il est évident qu'elle ne pouvait consister qu'en une amende. Mais pourquoi l'attribution de cette amende à la victime? Qu'on lui donne une indemnité, ce n'est que justice : c'est la représentation du dommage qu'elle a souffert ; mais lui accorder l'excédant de la somme payée par le coupable, ce qui représente le dommage social dont elle n'a supporté qu'une très-minime partie, n'est-ce pas lui donner, au détriment du trésor public, bien au delà de ce qu'elle pourrait légitimement réclamer? Il est probable que le caractère pécuniaire de la pénalité fit naître sur ce point une erreur assez naturelle : l'indemnité et la peine se traduisaient toutes les deux en des sommes d'argent; leur évaluation était faite sur la même base : le chiffre du dommage. On les confondait quant à leur nature et quant à leur évaluation; on ne pouvait penser à les séparer dans leur attribution; on donna donc à la victime non-seulement l'indemnité, mais encore l'excédant pénal de l'indemnité. Peut-être aussi considéra-t-on que l'indemnité ne répare que le dommage matériel, que son évaluation ne peut comprendre les souffrances morales causées par le délit; ce serait pour réparer ce genre de dommage qu'on aurait attribué à la personne lésée la totalité de la somme exigée du coupable.

Quoi qu'il en soit, toutes les lois pénales qui remontent aux premiers siècles de Rome ont le même cachet; elles contiennent une peine pécuniaire et unissent dans une même disposition l'indemnité à la peine. Telles sont l'action de la loi Aquilia et l'action *vi bonorum raptorum*. Quant à la loi *de Furtis*, on objectera probablement qu'elle ne cumulait pas l'indemnité avec la peine, puisque l'une s'obtenait par la *condictio furtiva* et l'autre par l'action *furti;* mais un point reste constant, c'est qu'elle contenait une peine pécuniaire. Est-on bien assuré, d'ailleurs, que la *condictio furtiva* et l'action *furti* aient été créées en même temps? M. de Savigny le met sérieusement en doute (1), et l'on peut dire que toutes les lois pénales qui viennent de la même époque présentent la même manière de punir. N'y a-t-il pas là de

____

(1) *Traité de droit romain*, t. V, p. 55.

quoi faire croire à un système pénal régulier et uniforme? Ce système n'est-il pas né du premier effort de
la société pour sortir des langes de la barbarie et des
habitudes de la vengeance privée?

Lorsque plus tard cette répression purement pécuniaire parut insuffisante, qu'on étendit aux crimes
graves contre les particuliers la punition publique réservée jadis aux crimes contre l'État, le système des
temps anciens ne fut pas complétement abandonné;
nul peuple ne poussa plus loin que les Romains le
respect des vieilles lois et des traditions antiques, et
c'est à ce respect même que nous devons bon nombre
des subtilités de leur jurisprudence, la sagacité du
préteur et des prudents s'exerçant à tourner les exigences du législateur devenues intolérables, à accommoder aux usages et aux choses du temps présent des
textes faits pour une toute autre société. Il ne faut pas
oublier non plus combien les Romains laissaient à l'i-
nitiative des citoyens; les *quæstiones perpetuæ* étaient
saisies de l'action publique par l'accusation populaire.
On ne peut donc pas s'étonner, après cela, que les parties offensées soient restées les maîtresses absolues de
l'action qui devait réprimer les atteintes portées à leur
fortune, que le système des délits privés ait survécu à
la chute de la république, à la ruine des droits des citoyens. Les empereurs, en substituant successivement
la procédure extraordinaire et inquisitoriale aux *publica
judicia*, n'hésitèrent pas à le respecter; leur pouvoir
n'était pas intéressé à enlever aux parties lésées des

privilégés dont elles avaient toujours joui. Sans doute, l'action publique fut jointe en des cas plus nombreux à l'action privée, la peine corporelle ajoutée à la peine pécuniaire: mais les Césars ne reculaient pas devant un redoublement de sévérité, et la philosophie du droit n'en était pas encore arrivée à la séparation absolue des deux actions. Ce travail de séparation ne s'est que fort lentement opéré, et il paraît à peine terminé dans notre législation moderne.

En résumé, tout acte coupable met en mouvement deux intérêts distincts : d'une part, l'intérêt social de la punition renforcé par l'intérêt moral de la justice, et d'autre part, l'intérêt privé qui se traduit par le droit de réclamer une indemnité pour le préjudice causé par l'infraction. Au premier intérêt répond l'action publique qui poursuit l'application d'une peine; au second intérêt répond l'action civile qui retranche du patrimoine du coupable une certaine somme qu'elle transporte dans le patrimoine de la victime, à titre de dommages-intérêts. A Rome, il existait certainement une action publique et une action civile; mais leurs rôles n'étaient pas nettement dégagés. L'action privée pouvait être pénale, puisque l'indemnité poursuivie par la personne lésée pouvait être supérieure au dommage matériel qu'elle avait éprouvé et que l'excédant constituait une véritable amende dont elle profitait. Il était donc parfois avantageux d'être la victime d'un délit, singulier résultat pour la morale publique, étrange confusion du rôle des deux actions et des intérêts auxquels elles doivent donner satisfaction. Nous avons vu comment on les doit expliquer, et nous pouvons maintenant passer à l'examen des textes du droit romain relatifs aux délits privés.

Mon but n'est point de les étudier tous; le cadre nécessairement restreint de ce travail me trace des limites que je ne puis dépasser. Je concentrerai donc mon attention sur celui qui me paraît le mieux résumer le caractère général de la législation romaine en ces matières, et qui me semble d'ailleurs rentrer plus spécialement dans le plan de cette étude : je veux parler du *damnum injuriâ datum* puni par la loi Aquilia.

DROIT ROMAIN

DE LA LOI AQUILIA.

Au point de vue de leur but, les actions du droit romain relatives aux biens (et l'on comprend que ce sont les seules dont nous ayons à nous occuper, puisqu'il s'agit de réparer le préjudice causé par un acte illicite), se divisent en trois classes. Les unes ont pour objet de maintenir l'intégrité du patrimoine ou de la rétablir, si elle a été violée ; elles empêchent que l'un ne soit dépouillé, et l'autre enrichi injustement. Elles se nomment *rei persecutoriæ* : telle est la revendication ou l'action naissant d'un contrat.

Les autres ont pour objet de dépouiller l'auteur d'un méfait au profit de celui dont le droit a été violé : il s'opère ainsi, par suite de la violation, un changement dans l'état des biens, et l'objet de ce changement se nomme *pœna*. De là vient à ces actions le nom de *pœnales*. Quant au rétablissement du patrimoine de la victime, il s'obtient par une action indépendante ; c'est ainsi que l'action *furti* se combine avec la revendication ou la *condictio furtiva*.

Enfin, il y a des actions qui poursuivent les deux buts à la fois : le rétablissement du patrimoine d'une personne et l'appauvrissement de celle qui a violé son droit. On les appelle pour cette raison actions *mixtæ*.

Il est possible qu'une même action soit en même temps pénale pour le défendeur et *rei persecutoria* pour le défendeur ; elle est pénale pour le défendeur en ce que, n'ayant rien gagné, on lui enlève cependant une partie de sa fortune ; elle est *rei persecutoria* pour le demandeur, en ce sens que, par le résultat de cette action, il ne s'enrichit point, mais il obtient simplement une indemnité : c'est la véritable action civile telle que nous la comprenons aujourd'hui. Pour adopter une phraséologie commode, quoique inconnue des Romains, nous l'appellerons *pénale unilatérale :* elle est pénale d'un seul côté, du côté du défendeur. Toutes les fois que l'action est pénale dans le sens le plus complet du mot, lorsque, en diminuant le patrimoine du défendeur, elle augmente celui du demandeur, nous l'appellerons *pénale bilatérale, pœnalis ab utrâque parte*. Nous verrons que l'action de la loi Aquilia peut avoir tantôt l'un, tantôt l'autre de ces deux caractères, et que, dans tous les cas, c'est une action mixte, car elle poursuit et l'indemnité et la peine.

Les actions pénales et les actions mixtes ont pour but de réprimer les violations du droit qui constituent des délits ou des faits produisant les mêmes conséquences que les délits.

Chez les Romains, le délit est un fait illicite et dommageable, considéré comme tel par le droit civil primitif. Peu importe que le délinquant ait agi dans une intention frauduleuse, ou qu'il se soit rendu coupable d'une simple faute, pourvu que le fait nuisible ait été spécialement prévu et caractérisé comme tel par l'ancienne législation civile. Le droit romain avait ici suivi la même marche que pour les contrats ; il avait de bonne heure dressé et irrévocablement fermé la liste des délits, laissant en dehors de cette classification une foule de faits illicites sans dénomination propre et dont on disait qu'ils produisaient des obligations ayant le même effet que si elles naissaient d'un délit, *quasi ex delicto*. Ici encore, la circonstance du dol ou de la faute est tout à fait indifférente (1).

Les Romains reconnaissaient quatre délits : le *vol*, le *rapt avec violence*, le *dommage causé sans droit*, l'*injure*. Ces quatre faits donnaient naissance à deux actions, tantôt isolées, tantôt réunies en une seule, l'une rei

______

(1) A peine est-il utile de rappeler que notre législation française ne donne pas à ces termes la même signification : le délit est un fait illicite et dommageable, commis avec intention de nuire ; le quasi-délit, un fait illicite et dommageable, commis sans intention mauvaise. Le délit, c'est le dol ; le quasi-délit, la simple faute. Cela n'est vrai qu'en droit civil ; car en droit pénal, un délit peut exister sans intention frauduleuse.

2

persecutoria, l'autre *pœnæ persecutoria*, toutes les deux purement privées, car elles ne pouvaient être exercées que par la victime du délit. Le *damnum injuriâ datum* dont nous allons nous occuper est réprimé par la loi Aquilia, au moyen d'une seule action qui parfois cumule ces deux caractères, parfois se borne à obtenir une simple indemnité.

CHAPITRE I.

Caractère général de la loi Aquilia.

Il serait difficile de préciser la date et les origines de la loi Aquilia. Plébiscite rendu sur la proposition du tribun Aquilius, elle semble remonter aux dissensions des patriciens et des plébéiens et à la troisième retraite de ceux-ci sur le mont Janicule, à partir de laquelle la force obligatoire ne fut plus disputée aux lois émanées du peuple (an 468 de R. *Lex Hortensia de plebiscitis*).

L'objet de cette loi est, en général, de réparer et de punir les dommages portés à la fortune privée, et

nous lisons dans Ulpien (Loi 1, *princ.*, Dig. *ad leg.
Aquil.*) que la loi Aquilia vint abroger les dispositions
de la loi des Douze Tables et des lois antérieures qui
s'étaient déjà occupées de cet objet.

Elle contient trois chefs dont le second, tombé en
désuétude au temps de Justinien (Instit., § 12 *h. tit.*),
ne nous est connu que depuis la découverte des manuscrits de Gaïus. Dans la rigueur des principes, on
ne pouvait plaider par procureur; le droit et l'action
résultant de la stipulation étaient exclusivement attachés à la personne du stipulant. Pendant longtemps
aussi, la stipulation *post mortem suam* fut interdite, les
anciens n'admettant pas les actions qui ne devaient
commencer qu'avec les héritiers. On tourna ces difficultés en adjoignant au stipulant un créancier subsi
diaire qui stipulait du même débiteur le même objet
par un second contrat verbal accessoire au premier:
ce fut l'*adstipulateur*, véritable créancier pour le débiteur, mais simple mandataire à l'égard du premier
stipulant. Il résultait de cet état de choses que l'existence de la créance était entre les mains de l'adstipulateur qui la pouvait détruire par une acceptilation.
Infidèle à son mandat, l'adstipulateur était passible de
l'*actio mandati*; pour assurer la foi des contrats, la loi
Aquilia donna contre lui une nouvelle action dont l'a-
vantage était, comme nous le verrons, de monter au
double (1). Lorsqu'une jurisprudence plus équitable et

____

(1) Gaïus, c. iii, 215 et 216.

mieux appropriée aux nécessités des affaires eut introduit la faculté de plaider par procureur sans les formalités embarrassantes dont elle était entourée à l'origine, l'usage de l'adstipulateur commença à tomber en désuétude. Justinien en permettant la stipulation *post mortem suam*, lui porta le dernier coup et désormais il n'en fut plus question. Le second chef de la loi Aquilia n'eut donc plus de raison d'être ; nous n'avons pas à nous en occuper plus longtemps ; il nous suffira de remarquer que le *damnum* puni par ce chef consistait en un simple fait moral, tandis que les deux autres chefs s'occupent de destruction, de dégradation matérielles,

Un fragment de Gaïus (loi 2, *Princ. ad leg. Aquil.*), nous a conservé les termes du premier chef : « *Qui servum servamve, alienum alienamve, quadrupedem vel pecudem injuriâ occiderit....... »* Il s'agit donc du cas où une personne a tué l'esclave d'autrui ou un animal de ceux qui vont en troupeau. Les textes romains recherchent quels animaux doivent être compris dans cette classe et déploient, à cette occasion, l'esprit rigoriste qui caractérisait les prudents ; il paraît qu'on y devait ranger les éléphants et les chameaux (ce dont on avait douté quelque temps), même les porcs sur la foi d'un vers de l'Odyssée. Peu importe la manière dont la mort a été donnée, si elle est le résultat direct du fait imputé au délinquant ; lorsque celui-ci n'a fait à l'esclave ou à l'animal que des blessures, le premier chef lui est applicable, si la mort s'en est suivie et n'est pas imputable à la négligence du maître ou à l'impéritie du médecin (loi 52, *Princ.*).

Le troisième chef réprime tout autre dommage matériel : c'est la blessure faite à un esclave ou à un quadrupède *quæ in numero pecudum est*; c'est la mort donnée ou la blessure faite à un animal non compris dans cette classe; c'est encore tout autre dommage causé sur des animaux ou sur des choses inanimées. Il s'applique à tout ce qui serait brûlé, rompu ou fracturé, et Ulpien fait la remarque (loi 27, §§ 16 et 17), que le mot *rumpere*, terme synonyme de *corrumpere*, embrasse, dans sa généralité, toute détérioration possible.

L'indemnité due dans les cas d'application du premier chef était de la plus haute valeur de la chose dans l'année qui avait précédé sa destruction ; pour le troisième chef, elle était de la plus haute valeur de la chose dans les trente jours qui avaient précédé sa détérioration.

CHAPITRE II.

Caractères constitutifs du damnum injuriâ datum.

———

Le *damnum* puni par la loi Aquilia est un dommage qui doit être susceptible d'une estimation pécuniaire ; c'est un dommage matériel causé par un fait matériel, un dommage causé sans droit, différents caractères que les commentateurs ont formulés en ces termes : *Damnum corpori corpore injuriâ datum.* Nous allons les examiner successivement.

§ I. Du dommage,

Le *damnum* est le fondement de l'action aquilienne ; aussi les textes n'en développent-ils pas la nécessité ; ils se bornent à indiquer les cas où l'acte malintentionné, ne nuisant pas, ne donne pas lieu à l'application de cette loi. Ainsi la castration d'un jeune esclave ne cause aucun dommage à son maître, si cette opération, faisant de l'eunuque un chanteur (loi 27, § 28), lui donne une valeur plus précieuse ; les Romains ont toujours encouragé les arts. La destruction par le stipulant du corps certain dû par le promettant ne cause aucun dommage à ce dernier, si elle est commise après la *mora ;* le créancier, en ce cas, ne fait de tort qu'à lui-même. Si la destruction avait eu lieu avant la *mora,* il en serait tout autrement ; le débiteur privé de la chose pendant tout le temps qui restait à courir avant l'échéance de son obligation, aurait éprouvé un *damnum* que la loi Aquilia viendrait réparer (loi 54). De même encore, si un billet constatant une obligation conditionnelle est détruit, il n'y aura lieu à l'action aquilienne que dans le cas où la condition se réalise ; car c'est dans ce cas seulement qu'il y aura préjudice pour le créancier. Le créancier peut agir immédiate-ment pour établir l'existence du billet, avant que le temps en rende la preuve impossible ; mais la condamnation contre celui qui l'a détruit restera subordonnée à l'événement de la condition (loi 40).

Le *damnum* doit être susceptible d'une estimation pécuniaire. On ne peut pas apprécier pécuniairement le tort que cause à une personne le fait de lire, en présence de plusieurs individus, son testament déposé chez nous ; il ne peut y avoir là qu'un dommage pure-ment moral, étranger aux dispositions de la loi Aquilia (loi 41, *Princ.*). La destruction du testament, en ce qui concerne le testateur, a le même caractère ; le seul dommage causé aux légataires ou à l'héritier peut être estimé en argent (même loi).

§ II. Dommage matériel.

L'action de la loi Aquilia ne se donne qu'à l'occasion d'un fait causé personnellement, d'un dommage causé à un corps par sa rencontre avec un autre corps ; en d'autres termes, il faut la participation matérielle et directe de l'auteur du délit, une lésion matérielle produite directement et immédiatement par le délinquant lui-même, de ses propres membres ou des instruments qu'il tient à la main. Que j'aie étranglé l'esclave d'autrui ou que je l'aie frappé de mon épée, j'ai agi directement et je suis passible de l'action aquilienne ; mais que j'effraye un cheval qui, dans sa course, écrase un esclave ; que j'enferme un animal de manière à le faire mourir de faim, que j'effarouche un troupeau dont quelques têtes vont se jeter dans un précipice, je n'ai pas agi personnellement sur la personne ou le corps qui éprouve le *damnum*, et la loi Aquilia ne m'est pas applicable. Le médecin qui administre lui-même des médicaments pernicieux à un esclave est tenu de l'action aquilienne ; s'il les lui avait remis pour que l'esclave les prît lui-même, il n'en aurait pas été tenu.

Les textes abondent en exemples de ce genre où l'action de la loi Aquilia ne sera pas donnée à la personne qui souffre du dommage ; le préteur venait à son secours et rédigeait une formule qui, ne pouvant désigner l'acte coupable par un terme technique, puisqu'il n'était pas prévu par la loi, énonçait simplement les faits qui lui avaient donné naissance. C'était donc une action *in factum*, désignée souvent sous le nom d'action *utile*, parce que c'était une imitation (*exemplo legis*, loi 17, § 3, *de Usufructu*) inspirée de l'esprit de la loi Aquilia (*ex sententia legis*, loi 6, Cod. *ad leg. Aquil.*), une extension de son texte dans un but d'utilité.

D'après la loi Aquilia, le *damnum* doit être causé *corpori*; même l'action utile n'est donnée que pour la réparation d'une lésion matérielle. Cependant, il est des actes dommageables qui ne causent aucun effet de ce genre : on sème de l'ivraie sur un champ ensemencé de froment, le blé n'en croîtra pas moins; seulement le propriétaire du champ éprouvera quelque difficulté et devra faire une certaine dépense pour séparer les deux espèces de grains; s'il y a dommage il n'y a pas lésion matérielle (loi 27, § 14). Je délie l'esclave que son maître avait enchaîné et qui en profite pour s'enfuir de nouveau (loi 7, § 7, *De dolo*); à coup sûr, en ce cas, je n'ai causé de lésion à personne; cependant un dommage existe et doit être réparé.

Nous venons de voir que, lorsqu'on a produit la cause de lésion sans produire corporellement la lésion même, la loi Aquilia n'est pas applicable, mais que, si l'on n'est pas dans les termes directs de la loi, au moins est-il conforme à son esprit de façonner pour cette hypothèse une action qui se rapproche de celle qu'elle a créée. Ici nous ne trouvons aucun corps détruit ni endommagé; aussi les jurisconsultes avaient-ils peine à

voir dans l'espèce une application quelconque, non
pas des termes, mais de l'esprit même du législateur
ancien. En effet, la loi Aquilia remonte aux premiers
temps de Rome, à une époque où les mœurs nationales devaient être fort simples sinon fort pures. « Les
contrats étaient peu nombreux, les transactions toujours les mêmes, les délits devaient avoir un caractère
uniforme de barbarie et de brutalité; tous les dommages qui n'étaient pas des vols devaient être des *lé-
sions*. Voilà comment la loi Aquilia en vint à confondre
le dommage avec la lésion. Le développement du délit est parallèle à celui des mœurs; c'est dans la com-
plication des relations d'intérêt que le criminel découvre, je ne dirai pas de nouveaux dommages à causer, mais de nouveaux moyens de causer des dommages. Il n'est donc pas étonnant que le législateur de
l'an 468 n'ait pas prévu les mille moyens par lesquels
on pourrait causer du tort sans produire une lésion.
D'autant plus que la vraie race romaine, si je l'ai bien
jugée, se distinguait beaucoup plus par la puissance
de la volonté que par la subtilité de l'esprit; il fallait
son mélange avec la race grecque pour obtenir cette
délicatesse d'observation que nous constatons chez les
jurisconsultes de la belle époque. Quoi qu'il en soit, les
commentateurs n'osèrent pas étendre le sens de la loi
Aquilia au dommage sans lésion matérielle, et comme
cette lacune de la loi Aquilia se retrouvait dans bien
d'autres lois de la même époque, ils organisèrent,
grâce à la formule *in factum*, une espèce d'action de dol

qui servait pour ces différents cas (1). » Ainsi l'exemple que j'ai cité présente une analogie éloignée avec le vol et avec le dommage, et cependant je ne puis lui appliquer ni l'action *furti*, ni l'action aquilienne. L'esclave de Primus est enchaîné et blessé par ses fers ; pris de pitié, je le délie et il en profite pour échapper à son maître. En lui fournissant le moyen de fuir j'avais en vue une œuvre d'humanité et non une soustraction. Donc je ne suis pas un voleur, et l'action *furti* n'est pas applicable. De même, j'ai causé un dommage à Primus, mais non pas une lésion matérielle ; donc j'échappe aussi à l'action de la loi Aquilia ; on appliquera l'action *in factum* dont je parle.

Cette action *in factum* est-elle différente de celle que nous avons vu donner au cas de *damnum corpori nec corpore?* Il me paraît certain que c'est absolument la même action. Sans doute, notre seconde espèce a des ressemblances plus éloignées que la première avec le *damnum* de la loi Aquilia, et l'on conçoit que la jurisprudence prétorienne ait dû s'en occuper à une époque postérieure ; mais la nécessité d'une action étant admise, le principe de la réparation posé, la seule action possible est la même pour les deux cas. On dit que pour le *damnum corpori nec corpore*, l'action est une action utile de la loi Aquilia, que pour le *damnum nec corpori nec corpore*, c'est une simple action *in factum* ; mais

---

(1) J'emprunte ces réflexions pleines de finesse et d'à-propos à la thèse, remarquable à plus d'un titre, de l'un de mes prédécesseurs. (M. Delpech, *Thèse pour le doctorat*, 1856, p. 19 et 20).

qu'est-ce que cette action utile, sinon une action *in factum*? L'expression *action utile* est une expression générique; l'action est utile, quand elle est donnée pour étendre le bénéfice du cas où elle a été faite à un autre cas analogue; cette extension a lieu ou par une action *in factum* ou par une action *fictice*. Dans le premier cas, le préteur délivre une formule dans laquelle il ne pose que la question de fait, donnant dans la *condemnatio* à la solution affirmative les mêmes conséquences qu'aurait eues l'action que le préteur voulait imiter. Dans le dernier cas, la formule contient une *intentio* de droit civil appliquée par une fiction à une espèce qui ne paraît pas directement rentrer dans le sens rigoureux de la loi; ce procédé revient à exprimer, dans la rédaction de la formule, qu'on donne cette formule comme on la donnerait si tel fait ou telle qualité de droit civil existait dans la cause. Or, pour le *damnum corpori nec corpore* et pour le *damnum nec corpori nec corpore*, voit-on dans la formule la moindre fiction, et une fiction serait-elle possible? Évidemment non; donc, dans les deux cas, il n'est question que d'une action *in factum*. Nous verrons bien des hypothèses où l'action donnée à la personne qui réclame le bénéfice de la loi Aquilia, sera une action fictice, mais c'est qu'il s'agira d'appliquer directement la loi Aquilia au profit d'une personne qui n'étant pas propriétaire de la chose détruite ou endommagée, a cependant sur cette chose des droits qui expliquent sa réclamation, comme un créancier gagiste ou un usufruitier. Dans ce cas, la fiction est possible et indispensable; ici, elle me paraît incompréhensible.

Les auteurs qui ont soutenu l'opinion que je combats, ont cru trouver un argument dans le § 16 de notre titre aux Instituts qui, pour le *damnum corpori nec corpore*, parle de l'action utile de la loi Aquilia, et, pour le *damnum nec corpori nec corpore*, d'une action *in factum*. Nos anciens auteurs, Cujas, Donneau, Pothier se sont, en effet, attachés à la lettre de ce texte pour soutenir qu'il désignait deux actions distinctes. Mais ils cherchaient en vain à en établir les différences et ils étaient fort embarrassés pour plier à leur doctrine les textes nombreux du Digeste qui donnent le nom d'action *in factum* à des actions concernant le *damnum corpori nec corpore*. Les textes n'établissent aucune différence entre les deux hypothèses pour l'action à donner; dans la loi 11, *Præscriptis verbis*, Pomponius comprend sous le nom d'actions *in factum* toutes les actions introduites par le préteur pour suppléer à l'indifférence de la loi Aquilia. La loi 53, *Ad leg. Aquil.*, et la loi 51, *De furtis*, emploient pour la même hypothèse, la première, l'expression d'action *in factum*, la seconde, l'expression d'action utile. Le § 16 de notre titre aux Instituts donne l'action utile contre la personne qui engage l'esclave d'autrui à monter sur un arbre ou à descendre dans un puits, si cet esclave se tue ou se blesse en obéissant à ces conseils; dans la loi 9, § 3 au Digeste, Ulpien donne l'action *in factum* contre la personne qui a effrayé le cheval monté par un esclave, de telle sorte que l'animal s'emportant jette son cavalier dans la rivière, où il se noie. Les deux espèces sont tellement analogues que si la distinction proposée était fondée, il faudrait donner en ce dernier cas l'action utile. (Aj. loi 7, § 3 et 6; loi 9, *Princ.*, loi 11, § 1; loi 29, § 5; loi 33, § 1, loi 49, *Princ.*, *ad leg. Aquil.*) De tout cela il résulte qu'il ne faut pas attacher d'importance à la différence d'expressions employées par les Instituts pour désigner l'action donnée en deux cas distincts; il s'agit simplement d'une phraséologie employée sans intention précise par les jurisconsultes romains, et dont nos anciens auteurs ont voulu trop légèrement faire l'expression d'un système bien arrêté. La base juridique de ce système manque complétement, et nous devons dire sans hésiter que, pour le *damnum nec corpori nec corpore*, comme pour le *damnum corpori nec corpore*, il n'y a qu'une seule et même action à laquelle il faut appliquer les règles de la loi Aquilia (1).

§ III. Dommage causé sans droit.

La loi Aquilia ne punit que le *damnum* causé *injuria*. Ce mot ne signifie pas insulte, comme dans l'action d'injures; il s'applique à tout fait accompli contraire-

---

(1) M. Demangeat à son cours. — M. Ducaurroy (*Inst. expliq.*, 8e édit., t. II, nᵒˢ 1149-1151), et M. Ortolan (*Explic. histor. des Instit.*, 6e édit., t. III, nᵒˢ 1757-1759), paraissent reproduire la doctrine de nos anciens auteurs.

ment au droit (*nullo jure, contra jus,* loi 5 § 1). Il suffit donc qu'aucun texte de loi ne nous autorise au dommage commis pour que l'action aquilienne soit applicable, et nous ne pourrions pas y opposer que nous n'avions pas l'intention de nuire, Ulpien, dans la loi 5, semble confondre l'absence de droit avec la faute : « *sed quod non jure factum est, hoc est contrà jus, id est, si culpâ quis occiderit.* » Il ne faudrait pas pousser cette assimilation trop loin et il est des cas où celui qui agit sans droit n'est pas en faute : ainsi le fou qui cause un dommage n'a pas le droit de le causer, et cependant il n'y a chez lui aucune culpabilité. Ce que la loi Aquilia punit, c'est le dol et la faute, et cette faute diffère sous deux rapports de celle que nous trouvons en matière de contrats :

1° Ici, comme dans tous les délits, la faute consiste à faire ce dont on doit s'abstenir. Par conséquent, pour qu'un homme soit passible de la loi Aquilia, il faut qu'il y ait eu de sa part un fait actif auquel se joint le dol ou la faute; c'est une faute *in committendo*. Dans les contrats, on est en faute par cela seul qu'on ne fait pas ce qu'on aurait dû faire, du moins quand l'action dont le créancier se trouve investi est une action *bonæ fidei*. Alors, en effet, le débiteur est responsable, non-seulement de ses faits actifs, mais encore de ses omissions, de la faute *in omittendo* comme de celle *in committendo*.

2° La faute aquilienne s'apprécie toujours *in abstracto*, aussi Ulpien dit-il (loi 44) : « *In lege Aquiliâ et levissima culpa venit.* » Dans les contrats, le débiteur est tenu, tantôt de la faute lourde, voisine du dol, tantôt de la faute légère appréciée quelquefois *in abstracto*, d'autres fois *in concreto*, suivant des distinctions que je n'ai pas à apprécier ici.

C'est d'après ces principes que nous devons examiner les différents éléments qui se peuvent rencontrer dans la faute aquilienne.

I. *Le défaut de prévoyance.* — Je mets le feu à des buissons un jour de vent ou sans prendre de précautions, et l'incendie gagne la moisson du voisin (loi 30, § 3 ; loi 27, § 8) ; je suis en faute de n'avoir pas prévu les résultats vraisemblables de mon acte. Un ouvrier travaillant sur un échafaudage jette de là quelque pierre dans la rue, sans avertir les passants, et l'un d'eux est atteint (loi 31). Un barbier vient sans nécessité raser son client dans le voisinage d'un jeu de paume, la paume le frappe à la main et lui fait blesser sa pratique (loi 11). Un homme creuse des fosses dans un chemin fréquenté, pour prendre des ours ou des cerfs ; un passant tombe et se blesse (loi 28). L'ouvrier, le barbier, le chasseur ont manqué de prévoyance, ils sont en faute. Dans ces différentes hypothèses, il y a un fait actif de la part du délinquant, quoique ce fait ne soit pas la cause immédiate du dommage causé ; mais comme il aurait dû prévoir les suites que cet acte pouvait amener, il est responsable.

II. *Le choix d'employés incapables ou malintentionnés.* — Les esclaves employés à l'exploitation d'une ferme causent un dommage; le fermier pourra se soustraire à toute condamnation en faisant l'abandon noxal, pourvu qu'il n'y ait aucune faute à lui reprocher; mais s'il a mal choisi ses serviteurs, il devient personnellement responsable (loi 27, § 11).

III. *Un acte illicite, bien que commis sans intention de nuire.* — Je m'exerce à lancer des javelots dans une promenade publique; mon javelot blesse un passant. Je suis en faute, les promenades n'étant pas destinées à ce genre d'exercices (loi 9, § 4).

IV. *Une entreprise tentée sans avoir les moyens ni les connaissances nécessaires pour la mener à bonne fin.* — Un chirurgien inexpérimenté saigne un malade et le blesse (loi 7 § 8); un ouvrier inhabile brise l'objet qu'il est chargé de façonner (loi 27, § 29); ils sont en faute. Les hypothèses prévues par les jurisconsultes sont couronnées par l'espèce suivante qui présente une curieuse série de questions à résoudre : deux chariots montaient au Capitole, l'un à la suite de l'autre. Les conducteurs du premier chariot, pour soulager l'attelage, poussaient le véhicule par derrière. A un moment donné, ils abandonnent brusquement leur poste; la charge retombe de tout son poids sur l'attelage et l'entraîne en arrière; les mules perdent pied, le premier chariot entraîne le second dans son mouvement de recul et les deux voitures écrasent un jeune esclave qui passait au pied de la colline. Il s'agissait de remonter à la source du dommage. Il est évident que le seul attelage

responsable est le premier, mais à qui revient la faute?
Aux auteurs du chargement, si la charge n'était pas
proportionnée à la vigueur de l'attelage, et peut-être
aussi aux entrepreneurs qui y avaient préposé des
hommes incapables. Si la charge était raisonnable,
et que la retraite des muletiers ait été spontanée, c'est
à ceux-ci que revient la faute. Si ce sont les mules qui
ont été effrayées et que les conducteurs aient abandonné l'attelage pour n'être pas écrasés, elle incombe
au propriétaire des mules ou à celui qui les emploie
(loi 52, § 2).

V. *Une mauvaise administration, même sans impéritie.*
— Un chef d'atelier doit surveiller et corriger ses ap-
prentis. Ulpien cite un maître cordonnier qui, pour punir un de ses élèves, lui lança une forme à la tête et lui
creva un œil. Ce n'est pas là une correction, *levis cas-
tigatio*, mais une violence; il y a lieu à appliquer la loi
Aquilia (loi 5, § 3).

Je ne puis avoir la prétention d'indiquer tous les modes *de culpa;* Donneau dit qu'ils sont infinis; c'est assez
d'avoir fait connaître les principaux dont tous les autres
se rapprochent nécessairement.

Il est des cas qui font exception à ces principes et où
la faute cesse pour des motifs tenant, soit à la personne
de l'auteur de l'acte, soit à l'acte lui-même.

A LA PERSONNE d'abord. — Un enfant, un fou ne sont
jamais en faute, car ils ne sont pas responsables du
dommage qu'ils causent. Demande-t-on, dit Ulpien

(loi 5, § 2), à la tuile qui tombe compte du préjudice qu'elle cause? Pour l'impubère, Labéon remarquait que, comme il est passible de l'action de vol, il est passible de l'action aquilienne, *si sit jam injuriâ capax*, ajoute Ulpien (même loi).

A L'ACTE COMMIS ensuite. — Il faut d'abord voir si cet acte était inévitable ou s'il ne l'était pas.

1° *L'acte pouvait être évité*. — La faute n'existe pas, si je n'ai pas agi en connaissance de cause; si j'ai agi en connaissance de cause, je suis en faute, à moins qu'il ne soit question d'un dommage que la loi autorise, *nemo damnum facit, nisi qui id fecit quod facere jus non habet* (loi 151, *de regulis juris*). Ceci se présentera en trois cas : en cas de vol, dans celui d'adultère et dans celui d'une lutte permise.

Il m'est permis de tuer l'esclave d'autrui qui, venant chez moi pour me voler, me résiste (loi 4). La loi des Douze Tables permet de tuer le voleur de nuit; le texte ajoute : pourvu que *j'aie vainement appelé du secours*. — Cette restriction n'était pas dans la loi des Douze Tables; on ne l'appliquait que quant à la culpabilité civile poursuivie par l'action privée devant un *judex*, et non quant à la culpabilité pénale poursuivie par l'action publique devant les *quæstiones perpetuæ*, en vertu de la loi Cornelia *De sicariis*. Cette dernière loi s'attache à la rigueur de la loi des Douze Tables; pour la loi Aquilia, comme elle punissait la simple faute, la responsabilité civile qu'elle fait naître ne disparaît tout entière que lorsque j'ai tout fait pour éviter une extrémité suprême. Quant au voleur de jour, je ne puis le tuer qu'à la condition qu'il portera une arme dont il pourrait faire usage et que j'appellerai du secours (*conf.* art. 322 et 329 C. pénal).

Quant au cas d'adultère, je puis tuer l'esclave d'autrui que je surprends en flagrant délit (loi 30). La loi romaine me reconnaît un droit; notre législation, plus philosophique, me dit coupable en me déclarant excusable (*Voy.* art. 324 C. pénal).

La loi Aquilia ne s'applique pas non plus à celui qui a fait des blessures ou donné la mort à son adversaire dans une lutte publique autorisée. Ulpien remarque qu'il n'est pas ici question d'esclaves, mais d'ingénus; même ces cruelles occasions de déployer leur courage et d'acquérir quelque gloire étaient refusées aux parias de la civilisation antique. Si la mort a été donnée, les blessures faites après le combat, la loi Aquilia reprend son empire: ce n'est pas lutter qu'égorger un ennemi vaincu (loi 7, § 4).

Lorsqu'on a agi sans connaissance de cause, en des conditions telles que le danger n'était pas présumable, même dans des cas où l'acte dommageable pouvait être évité, il n'y a pas de faute. J'ébranche un arbre dans un lieu sans chemin frayé et interdit au public; une branche, en tombant, blesse une personne qui se trouvait en dessous, contre mes prévisions; évidemment, je ne pouvais pas la prévenir, et l'on n'a rien à me reprocher. De même, ébranchant un arbre sur la voie publique, j'ai crié en jetant la branche; tant pis pour ceux qui sont blessés, s'ils n'ont pas tenu compte de mes avertissements.

2° *L'acte ne pouvait pas être évité.* — C'est ce qui se présente dans le cas de légitime défense: un ennemi m'attaque; en me défendant, je le tue. Pouvais-je faire autrement? « *Qui, cùm aliter tueri se non possunt, damni culpam dederint, innoxii sunt : vim enim vi defendere omnes leges omniaque jura permittunt.* » (Loi 45, § 4). Le principe de la légitime défense ne fait pas obstacle à ce que nous soyons passibles de la loi Aquilia et de la loi Cornelia si, pouvant nous rendre maîtres de la personne de l'agresseur, nous préférons le tuer (loi 5, *Princ.*). Même en état de légitime défense, nous sommes responsables du mal que, par maladresse, nous avons infligé à un tiers innocent, en voulant repousser l'attaque de notre adversaire (loi 45, § 4).

Un incendie dévore la maison voisine; pour l'empêcher de gagner la mienne, j'abats les constructions qui la mettent en contact avec le foyer. Il est certain qu'ici encore j'agis sous l'empire d'une contrainte à laquelle je ne puis résister. Cela est d'une vérité absolue, si le feu a déjà gagné ma maison; dans le cas contraire, il faut voir s'il y avait probabilité de danger pour moi, et alors je ne suis pas responsable (loi 29, § 3). Que si j'ai agi, poussé par une crainte chimérique, on ne peut admettre que le voisin doive supporter un dommage que j'ai causé sans raison sérieuse. C'est ainsi que l'on explique la loi 7, § 4, *Quod vi aut clam,* qui avait fait croire qu'il fallait appliquer la loi Aquilia d'une manière générale; cette loi 7 et notre loi 29, § 3, ne sont nullement en désaccord; elles traitent simplement une question d'intention.

Il est bien entendu que, si je puis écarter le dommage de ma propre chose en employant des moyens inoffensifs, je suis responsable de tous ceux que j'emploie qui sont périlleux pour autrui (loi 39, *Princ.* et § 1). De même, si pouvant avoir recours à l'autorité du magistrat, je me fais justice à moi-même, ma responsabilité sera compromise. Un rescrit de Sévère contient sur une question spéciale une décision d'après laquelle notre principe ne doit pas toujours être appliqué : je fais avancer mon toit sur votre héritage, sans avoir sur votre fonds aucun droit de servitude; en démolissant la saillie, vous commettez un *damnum injuriâ datum;* vous auriez dû m'appeler en justice et demander au préteur la formule de l'action négatoire. Que si, au contraire, j'avais fait passer sur votre fonds un aqueduc, vous pouviez le démolir sans scrupule. Ulpien applaudit à cette décision : « *Interest enim quod hic in suo protexit, ille in alieno fecit.* » (loi 29, § 1).

En résumé, nous trouvons quatre motifs d'excuse en faveur de celui qui a commis le dommage caractérisé par la loi Aquilia : 1° l'auteur de ce dommage n'a pas pu faire autrement; 2° il aurait pu faire autrement, mais il avait le droit d'agir comme il l'a fait; 3° le dommage est le résultat d'une circonstance fortuite et impossible à prévoir ; 4° l'auteur du dommage se trouve dans des conditions qui lui enlèvent toute responsabilité.

CHAPITRE III.

A qui appartient l'action de la loi Aquilia.

L'action aquilienne appartient, en principe, au maître de la chose endommagée : « *Legis Aquiliæ actio hero competit, hoc est domino.* » (loi 11, § 6). Donc, quand une chose n'a pas de maître, sa lésion ne peut donner naissance à l'action. Un tombeau n'est pas considéré comme une chose susceptible de propriété privée et sa destruction ne donne à personne l'action aquilienne ; du reste, comme toutes les choses sacrées et religieuses, les tombeaux étaient sous la protection du préteur, qui accordait contre ce délit l'interdit *quod vi aut clam*, non pas seulement au propriétaire, mais à tous ceux qui ont intérêt à la conservation des tombeaux.

Quand on a subi personnellement un dommage, qu'on a reçu quelque coup, quelque blessure, est-on, pour obtenir une indemnité pécuniaire, armé de l'action aquilienne? Dans la rigueur de son principe, la loi Aquilia n'est pas applicable à un cas pareil; car, dit Ulpien (loi 13, *Princ.*), personne n'est maître de ses membres. La raison est subtile, on s'en débarrasse subtilement : cet homme n'a pas l'action directe de la loi Aquilia, mais il en aura l'action utile. Ce principe a reçu une application curieuse : mon esclave est blessé à mort; j'acquiers l'action directe de la loi Aquilia, puis je meurs après l'avoir affranchi et institué héritier. Les jurisconsultes décident que cet esclave ne pourra employer l'action directe de la loi Aquilia pour la blessure qu'il a reçue; pourquoi? Évidemment, parce qu'au moment où il pourra l'exercer, il devient libre; il n'aura que l'action utile, et c'est celle-là qu'en mourant, il transmettra à son propre héritier (lois 15, § 1, 16 et 36, § 1). Si l'esclave n'avait été institué héritier par son maître que pour partie, son cohéritier aurait l'action directe, mais serait-ce pour partie ou pour le tout? Cujas (*Observat.* XVII, 10) s'appuyant sur la loi 12. *De auctorit. tutor.* et la loi 23, § 3, *De adquir. rer. domin.*, soutient qu'il l'aura pour le tout; car, ce qui ne peut être acquis à l'un des héritiers, *jure hæreditario*, est acquis en entier à l'autre. Cujas me semble oublier que l'esclave, devenu libre, a pu acquérir l'action de la loi Aquilia sous la forme utile; le cohéritier ne doit donc avoir l'action que pour une partie correspondante à sa part héréditaire : c'était l'opinion d'Accurse.

A la rigueur, les successions vacantes auraient dû
être considérées comme n'ayant pas de maître. Mais en
vertu de la fiction romaine qui donne à l'hérédité même
une sorte de personnalité, lorsqu'un objet faisant partie
d'une succession vacante avait été détruit ou détérioré,
l'hérédité avait droit à l'action aquilienne pour faire
réparer le dommage qu'elle était censée avoir souffert;
seulement l'exercice de cette action était forcément
suspendu jusqu'à ce que la succession eût un représentant par l'adition de l'héritier (lois 13, § 2 et 43).

Si un esclave légué *per vindicationem* est tué postérieurement à l'acceptation du legs, l'action appartient
au légataire (loi 13, § 3). Nous avons appris par la
découverte des manuscrits de Gaïus (c. ii, 195), la
controverse qui avait divisé les Sabiniens et les Procu-
liens au sujet de l'acquisition d'un legs *per vindicationem*. Une constitution d'Antonin vint sanctionner l'avis
de ces derniers, en déclarant que la chose léguée devient la propriété du légataire, non par l'effet de l'a-
dition d'hérédité, mais seulement par l'acceptation du
legs. La loi 13, § 3, applique cette décision ; nos anciens
auteurs, qui n'attachaient aucune conséquence juridique à l'acceptation du legs, ne comprenaient pas comment on exigeait qu'elle fût antérieure à la mort de
l'esclave, et ils s'efforçaient de corriger le texte, en rem-
plaçant le mot *non* par le mot *modò ;* ils supposaient
que le jurisconsulte avait eu en vue le fait de ne pas
répudier le legs qui est la condition nécessaire de sa
réalisation. Si le légataire, au lieu d'accepter le legs,

l'avait répudié, l'action aquilienne passait rétroactivement sur la tête de l'héritier, à moins que ce légataire n'eût un colégataire au profit duquel existât le droit d'accroissement (lois 17, §§ 1, 34, 35, 36, *Princ.*).

Il arrivera souvent que le propriétaire d'une chose doive céder l'action de la loi Aquilia qui a pris naissance en sa personne. Ainsi, pour en finir avec la matière des legs, si l'esclave légué avait été blessé avant l'adition d'hérédité, Ulpien nous dit dans le *principium* de la loi 15, que l'action du troisième chef passe à l'héritier qui doit la céder au légataire, en sorte que l'héritier est intéressé à ce que l'esclave soit tué plutôt que blessé, résultat bizarre qu'amène l'application rigoriste des principes romains. La loi 11, § 7 prévoit un second cas de cession de l'action aquilienne : l'acheteur d'un esclave qui exerce *l'actio redhibitoria* doit céder au vendeur l'action de la loi Aquilia qui est née en sa personne, pendant que l'esclave était sa propriété. Les lois 12, 13 et 14, *Princ.*, *de peric. et comm. rei venditæ*, la loi 13, § 12, *De action. empt.* citent d'autres cas où la cession de l'action aquilienne devra être faite par le vendeur à l'acheteur. La loi 35 § 4, *De contrah. empt.* s'occupe du cas où la chose vendue a été volée, et ce que dit Gaïus de la revendication et de la *condictio furtiva* peut être reproduit pour l'action aquilienne ; si on suppose, en effet, que la chose a été endommagée avant la vente, le vendeur devra donner à l'acheteur une somme d'argent égale à l'intérêt qu'aurait eu l'acheteur à avoir la chose ; car le vendeur s'est engagé envers l'acheteur à lui faire avoir la chose en bon état. Si c'est après la vente que le dommage a été causé et que la chose vendue fût la propriété du vendeur, celui-ci devra céder à l'acheteur l'action de la loi Aquilia. S'il y a eu vente de la chose d'autrui, le vendeur sera condamné à payer à l'acheteur la somme représentative de l'intérêt que celui-ci aurait eu à ce que cette action lui fût cédée, et elle ne peut pas l'être, puisque le vendeur n'était pas propriétaire.

L'action de la loi Aquilia n'appartient, avons-nous dit, qu'au propriétaire ; cependant on peut souffrir de la détérioration d'une chose sans en avoir la pleine propriété. C'est ici que nous trouvons l'application de l'action utile : l'usufruitier, l'usager, le possesseur de bonne foi, le créancier gagiste trouveront dans cette action la protection de leurs droits. Cette action utile est une action fictice, rédigée *in jus*, et dans la formule de laquelle le préteur, supposant que le plaignant est propriétaire de la chose endommagée, ordonne au juge de condamner l'auteur du fait, si le dommage est démontré. Nous l'avons déjà vu donner à l'homme libre qui a reçu quelque blessure, et nous avons dit que c'est en des cas semblables seulement qu'il y a lieu de distinguer l'action utile de l'action *in factum*.

Le créancier gagiste dont le gage a été détruit réclamera par l'action utile de la loi Aquilia ; il est tel cas, en effet, où la chose donnée en gage est pour le créancier le seul moyen d'arriver au payement. Sur ce sujet, nous trouvons deux textes qui doivent nous arrêter un instant, la loi 30, § 1 de notre titre, et la loi 27, *De pignor. et hypoth.* Dans la première de ces lois, Paul s'exprime ainsi : « Si un esclave engagé a été tué, l'action de la loi Aquilia compète au débiteur. Mais faut-il accorder une action utile au créancier qui peut y avoir intérêt, soit à raison de l'insolvabilité du débiteur, soit parce qu'il aurait laissé périmer l'instance ? Il serait injuste que le meurtrier fût tenu à la fois envers le propriétaire et le créancier. Mais on peut dire que le débiteur n'éprouvera aucun dommage à cause de l'exercice de l'action par le créancier, puisque la condamnation qu'obtiendra ce dernier profitera au débiteur pour le libérer de sa dette, et que, si elle est supérieure au montant de cette dette, il pourra réclamer l'excédant ; ou bien on peut donner de suite l'action au débiteur pour ce qui dépasse la dette. Par conséquent, dans le cas où l'action doit être donnée au créancier, à raison de l'insolvabilité du débiteur ou de la péremption d'instance, le créancier aura l'action utile jusqu'à concurrence de ce qui lui est dû, exonérera ainsi le débiteur, et ce dernier aura l'action directe pour le surplus. » Il résulte de ce texte, d'abord que le créancier doit restreindre son action dans les limites de la dette, et ensuite qu'il ne peut agir que quand il y a intérêt ; or, cet intérêt se manifeste dans deux circonstances : 1° le débiteur est insolvable ; 2° le créancier a laissé périmer l'instance en sorte qu'il ne reste plus qu'une obligation naturelle servant à soutenir le gage (1).

(1) *Voy.* M. Machelard, *Obligations naturelles*, p. 373.

Dans la loi 27, *De pignoribus et hypot.*, Marcellus présente l'hypothèse suivante : Un homme, pour une faute très-légère, a enchaîné l'esclave qu'il avait hypothéqué ; le créancier qui n'est pas payé, vend l'esclave et n'en obtient qu'un prix inférieur à sa valeur, sans doute parce que l'acheteur ayant appris le châtiment infligé à l'esclave, lui a supposé des habitudes vicieuses. Faut-il donner quelque action contre le débiteur au créancier qui ne peut obtenir par l'action de sa créance ce qui lui reste dû ? Supposons que le créancier soit privé par quelque déchéance de l'action de sa créance ; le cas n'est pas indigne de l'attention du préteur, qui doit justement venir au secours de ce créancier, et le jurisconsulte se demande s'il faut lui donner l'action de la loi Aquilia, et après avoir tiré un argument de ce qui aurait lieu si l'esclave avait été tué ou éborgné, il décide que le préteur, après examen, pourra donner au créancier l'action utile.

Gaïus (IV, § 27) nous cite encore un cas où l'action utile sous la forme fictice sera donnée à la personne qui a souffert le dommage : c'est le cas où il s'agit d'un pérégrin, car l'action aquilienne directe, comme toutes les actions de droit civil, n'était donnée qu'aux citoyens romains.

CHAPITRE IV.

Contre qui se donne l'action de la loi Aquilia.

———

En principe, l'action de la loi Aquilia est donnée contre celui qui a causé matériellement le dommage. Nous avons vu les extensions que le droit prétorien a apportées à cette règle. Un principe qui subsiste dans toute sa force, c'est que pour être passible de l'action aquilienne, il faut avoir commis soi-même le dommage; c'est dire que la loi Aquilia ne prévoit pas le cas de complicité. C'est au reste un point qui s'élucidera dans la discussion des questions que soulève notre chapitre.

C'est donc contre les auteurs du délit qu'est donnée l'action aquilienne. Il n'y a pas de difficulté quand il n'y en a qu'un; il nous suffira de noter, en passant, cette particularité que, contrairement à l'action *furti*, celle de la loi Aquilia pouvait être exercée par l'un des époux contre l'autre (loi 56 de notre titre).

Supposons qu'il y ait plusieurs auteurs; par exemple, plusieurs personnes ont frappé en même temps le même esclave. Si l'on peut reconnaître quelle part chacune d'elles a prise à l'assassinat, chacune sera responsable de son propre délit ; car il y a autant de délits distincts que de délinquants. Ainsi, l'une a fait une blessure mortelle, l'autre une blessure non mortelle ; la première sera tenue en vertu du premier chef, la seconde en vertu du troisième chef de la loi Aquilia. Mais, s'il n'est pas possible de savoir lequel des deux a donné le coup mortel, on préfère présumer que l'un et l'autre agresseur l'ont porté, plutôt que de ne punir aucun d'eux dans la limite de la responsabilité qu'il peut avoir encourue. Tous les deux seront en conséquence punis en vertu du premier chef, et le payement fait par l'un d'eux ne libérera pas l'autre (loi 11, §. 2). Ce dernier point est remarquable ; il contrarie des principes que nous devons tout d'abord rappeler.

Toutes les fois que plusieurs personnes s'associent pour commettre un délit susceptible d'être poursuivi par une action pénale unilatérale, le payement fait par l'une d'elles libère les autres (loi 1, § 4, *De eo per quem factum erit;* loi 14, § 15 et loi 15, *Quod metûs causâ;* loi 17, *princip., De dolo malo;* loi 1, § 10 et loi 3, *De his qui effuderint.* — En effet, s'il s'agit simplement d'indemniser le demandeur, de faire rentrer dans son patrimoine ce que le délit en a fait sortir, sans doute, chacun des délinquants peut être poursuivi pour le tout ; mais une fois que l'un d'eux a payé, le demandeur est désintéressé, il n'a plus rien à réclamer. — Il n'en est pas de même des actions pénales bilatérales : la somme exigée par le demandeur n'a pas simplement pour effet de restituer à son patrimoine la valeur qui en est sortie, elle

sert encore à l'enrichir. Il en résulte qu'une semblable
action se donne pour le tout contre chacun des délinquants, et aucun n'est libéré par suite du payement
qu'effectue l'un d'eux : telle est, par exemple, l'action
furti. — L'action de la loi Aquilia est pénale unilatérale pour ce qui concerne la valeur actuelle de la chose,
pénale bilatérale pour l'excédant et nous verrons bientôt que cette action peut être, en somme, tout simplement pénale unilatérale. D'après ces principes, il semblerait que, lorsqu'elle est unilatérale, la libération de
tous les délinquants dût résulter du payement fait par
l'un d'eux, et que, lorsqu'elle est bilatérale, chacun
d'eux ne pût être forcé de payer que ce qui dépasse les
termes d'une simple indemnité. Pourtant nous voyons
Ulpien, dans cette loi 11, § 12, poser une règle applicable à tous les cas, et, en vérité, je ne vois aucune raison qui puisse justifier cette dérogation aux principes (1). M. de Savigny a voulu en donner un motif qui
semble inadmissible : « La loi, dit-il, permet à la partie
lésée de poursuivre chacun des coupables comme si
l'acte n'avait pas été commis actuellement, mais à une
époque quelconque de la dernière année. Cette fiction une fois admise, on arrive, pour chacun des coupables, à un moment où les autres n'agissaient pas
de concert avec lui; c'est pourquoi il doit payer la
totalité du dommage (2). » Voilà une énorme subtilité; puisque, dans l'hypothèse, sur laquelle raisonnait

(1) *Voy.* M. Demangeat, *des Obligations solidaires,* p. 178 et 179.
(2) *Traité de droit romain,* t. V, § ccxxxiv.

Ulpien, il s'agissait d'un délit commis par plusieurs en même temps, peut-on admettre qu'il soit permis de diviser des situations identiques, et, selon l'intérêt du demandeur, de dénaturer les actes qu'il s'agit de punir? M. de Savigny proclame à chaque instant dans son ouvrage que l'indemnité due pour le dommage causé ne peut être obtenue qu'une fois par la victime du *damnum*. Dans l'espèce, il ne s'agit pas d'autre chose que de lui faire obtenir cette indemnité; sans doute, la somme à donner est une peine pour le délinquant; mais, en même temps qu'elle punit, elle sert à indemniser et, avec le système du jurisconsulte, on transforme le caractère de l'action aquilienne. On ne peut, ce me semble, expliquer cette loi 11 qu'en faisant attention que les jurisconsultes romains voyaient dans un délit commis par plusieurs auteurs autant de délits distincts que de délinquants.

Certains criminalistes modernes ont prétendu tirer de cette règle un argument en faveur de leur théorie sur la complicité et sur l'assimilation absolue du complice à l'auteur principal. — L'examen réfléchi des textes, de la véritable pensée des jurisconsultes romains nous montrent combien, pour arriver à cette conclusion, les criminalistes dont je parce ont dû forcer le sens des choses. La complicité est l'état d'une personne qui facilite le crime d'autrui, et ce mot est essentiellement du domaine du droit pénal; le droit pénal s'occupe de la réparation du dommage social par une peine. Quant à la réparation du préjudice privé par l'indemnité pé-

cuniaire, elle n'est, dans ce droit, qu'une idée accessoire. De quoi s'occupe donc la loi Aquilia si ce
n'est, avant tout, de la réparation du préjudice privé
par une indemnité? L'idée pénale y est tout à fait accessoire et nous avons dit qu'elle n'y existe pas dans
tous les cas. Si l'auteur de la loi Aquilia s'est con-
formé à l'esprit qui a présidé à la rédaction de cette loi,
il a pu s'occuper, au point de vue civil, des cas de participation de plusieurs personnes à un même dommage
privé, mais non de la complicité qui est la participation
à un même dommage public et qui engendre la même
punissabilité. Si l'on remarque, en outre, que la loi
Aquilia atteint seulement le dommage causé personnellement, on apercevra que, dans toutes les hypothèses
où l'on voit donner action contre plusieurs personnes,
il s'agit de coauteurs et non pas de complices. Le co-
auteur participe au crime pour lui donner naissance;
le complice y participe pour le faciliter; le premier est
essentiel au crime, il en est la cause; le second lui est
accidentel et n'est qu'un moyen. Qu'on examine les
passages des jurisconsultes, on y trouvera les traits
caractéristiques que nous signalons, on n'y verra rien
de ce qui constitue, à proprement parler, la complicité.
Le § 2 de la loi 11 nous l'a déjà démontré; les autres
passages de cette loi nous confirment dans cette idée
qu'il n'y est question que de coauteurs, et la loi 51 de
notre titre souvent citée dans cette discussion, n'a rien
qui contrarie notre opinion. On a cru trouver dans le
principium de cette loi une contradiction avec le § 3 de

la loi 11. Je vais examiner brièvement ces deux lois, quoiqu'elles se rattachent surtout aux difficultés que peut présenter la combinaison du premier et du troisième chef de la loi Aquilia. Il s'agit d'un esclave qui, ayant reçu de Primus une blessure mortelle, est tué par Secundus. Primus et Secundus seront-ils tenus tous les deux en vertu du premier chef de la loi Aquilia? L'affirmative paraît admise par Julien dans la loi 51, tandis que dans la loi 11 on croit lire que d'après la doctrine de Celsus, de Marcellus et d'Ulpien, Secundus seul serait tenu en vertu du premier chef; Primus n'aurait à répondre qu'au troisième chef de la loi. Ces jurisconsultes étaient-ils vraiment en désaccord? Je ne le crois pas; Julien suppose que Primus ayant fait à l'esclave une blessure mortelle, Secundus lui a porté quelque temps après une autre blessure qui a hâté la mort, tandis qu'Ulpien nous dit que l'esclave ayant été blessé par Primus, est mort sous les coups de Secundus. Les deux situations ne sont pas les mêmes; dans le premier cas, c'est peut-être la réunion des blessures qui a fait mourir l'esclave à un moment donné; il n'y a donc pas de raisons pour donner à Primus et à Secundus des positions différentes. Dans le second, le rôle de chacun est nettement déterminé, et l'on ne pourrait, sans injustice, déclarer que cet esclave serait mort à tel moment du coup de Primus, alors que c'est Secundus qui l'a tué. Peut-être aussi que Julien, confiant dans la science, pensait qu'il est des cas où l'on peut reconnaître qu'une blessure est mortelle, quoiqu'un événement postérieur ne lui ait pas permis de produire son effet, tandis que, aux yeux de Celsus, il n'y aurait de blessure mortelle que celle qui, en fait, a donné la mort (1). Quoi qu'il en soit des opinions médicales de ces jurisconsultes, on peut parfaitement expliquer leurs textes sans les trouver en un désaccord trop flagrant.

J'en reviens à notre discussion de la complicité et sans la prolonger davantage, je pourrai tirer un argument puissant de la comparaison de cette loi 51 avec le § 2 de la loi 11. Dans cette dernière loi, nous voyons les participants au délit frappés de la même peine, ce qui pourrait s'expliquer, ou par la communauté du dommage causé, ou par la complicité dans le crime; dans la loi 51, cette alternative n'est plus possible. Les deux crimes y sont isolés l'un de l'autre et complétement indépendants, donc il n'y a pas complicité. Cependant, il y a assimilation dans la peine; c'est que cette assimilation vient de la communauté du dommage; pourquoi, dans la loi 11, la raison de la solution serait-elle différente? L'hypothèse est à peu près la même, le sujet identique, et, chose remarquable, les deux décisions sont empruntées au même jurisconsulte Julien.

(1) *Voy.* loi 45, § 4, d'où l'on peut conclure que telle était bien la pensée de la plupart des jurisconsultes: Ulpien y parle d'un esclave blessé mortellement qui périt dans un accident, ruine ou naufrage, et il décide qu'en ce cas le délinquant est tenu en vertu du troisième chef; il serait tenu du premier chef, si l'esclave était mort de sa blessure.

Ainsi, la loi Aquilia n'est pas, à proprement parler, une loi pénale; elle est étrangère aux principes du droit criminel que les modernes, s'ils veulent, en ces matières, trouver des modèles dans le droit romain, devront aller consulter dans les *Quæstiones perpetuæ*. Elle s'occupe avant tout d'une action civile pour la poursuite d'obligations privées et, si l'idée de pénalité s'y rencontre parfois, il ne faut jamais oublier que cette pénalité est pécuniaire; quel moyen, dès lors, d'en transporter les principes dans notre droit, qui contient des peines capitales?

La règle que celui-là seul qui a personnellement contribué au délit est tenu de l'action aquilienne, admet une exception remarquable pour ce que nous pouvons appeler, en nous servant d'une expression usitée surtout dans le droit français, la responsabilité civile. Cette théorie de la responsabilité avait, à Rome, plus d'importance que chez nous, puisque, dans la constitution de la famille et de la société, la personnalité d'un grand nombre d'individus se trouvait juridiquement neutralisée et confondue dans une autre personnalité, celle du maître et du père de famille. Le maître est responsable, non-seulement pour avoir ordonné le dommage, mais encore pour ne l'avoir pas empêché : tout ce que fait l'esclave est censé fait par lui. Le maître est donc obligé par le délit de son esclave (loi 27, § 3); il n'a que la ressource de l'abandon noxal, à moins que quelque faute ou négligence ne puisse lui être imputée (même loi, § 11). Si l'esclave, après avoir commis un délit tant qu'il est sous la puissance d'un maître, passait sous celle d'un autre, l'action noxale était donnée contre ce dernier. Si l'esclave devenait libre, l'action de la loi Aquilia était donnée directement contre lui (loi 48). Que décider si plusieurs esclaves d'un même maître s'unissent pour commettre un dommage? Puisque la personne de l'esclave se confond avec celle du maître, c'est le maître qui est censé avoir causé ce dommage, et comme il n'a pu commettre qu'une seule fois le même dommage, il ne sera tenu qu'une fois. Cujas applique ici les principes du vol : le maître de l'esclave qui vole est obligé comme s'il avait volé lui-même.

Si le *damnum* a été causé par un fils de famille, il n'en est pas absolument de même; l'abandon noxal n'est plus permis, depuis Justinien, au père de famille. Le fils peut être poursuivi directement pour ses délits, même quand il est encore sous la puissance paternelle, de telle sorte que la victime du *damnum* ayant obtenu contre le fils l'action *judicati*, peut l'exercer *de peculio* contre le père. Comme le fils de famille garde en bien des cas une personnalité distincte, si plusieurs enfants du même père s'unissent pour commettre le délit, le demandeur pourra agir contre ce dernier, comme s'il avait souffert de plusieurs délits isolés. Nous venons de voir qu'il n'en serait pas de même des esclaves.

La responsabilité peut naître même du fait d'un homme libre; les jurisconsultes, en effet, décidaient que lorsque quelqu'un ayant autorité sur une personne lui prescrivait de commettre un délit tombant sous le coup de la loi Aquilia, celui qui avait donné l'ordre était seul et directement soumis à l'action aquilienne (loi 37, *Princ.*). Ceci paraît contraire aux principes du droit civil, d'après lequel le mandant n'est jamais directement obligé par le fait du mandataire; mais il ne faut pas oublier qu'un pareil mandat est complétement nul (Instit., *De mandato*, § 7), en sorte qu'on ne peut invoquer ici les règles de ce contrat. Celui qui a donné l'ordre est puni parce qu'il est véritablement l'auteur du délit, ce qui nous montre que les jurisconsultes, en appliquant la loi Aquilia, s'étaient parfois élevés au-dessus de la conception toute matérialiste de cette loi qui, strictement interprétée, semblerait ne devoir atteindre que l'auteur corporel et direct du fait. Quant à la personne qui a exécuté l'ordre coupable, Paul, dans la loi 169 *De regulis juris*, nous dit qu'il n'y a pas faute de la part de celui qui n'a fait qu'obéir à une injonction qu'il ne pouvait repousser et que, par conséquent, il ne peut y avoir de peine prononcée contre lui. Qu'il me soit permis de le remarquer en passant, voilà qui prouve surabondamment que la loi Aquilia ne s'occupe pas de la complicité pénale et que les principes de notre législation moderne lui sont bien étrangers.

Nous avons supposé jusqu'à présent que l'auteur ou les auteurs du délit sont vivants; qu'arrivera-t-il s'ils sont décédés? Il faut distinguer si le décès a eu lieu avant ou après la *litis contestatio*.

1° L'auteur du délit est-il décédé après la *litis contestatio*, l'action aquilienne passe avec toutes ses conséquences contre les héritiers (loi 26, *de obligat. et action.*, loi 139, *De regulis juris*); elle a revêtu le caractère d'un contrat et elle a, par conséquent, cessé d'être personnelle au délinquant.

2° L'auteur du délit est décédé avant la *litis contestatio*; ses héritiers ne sont tenus que *quatenus locupletiores facti sunt* (loi 23, § 8). C'est, ce semble, pousser bien loin l'idée que la somme réclamée par l'action aquilienne a un caractère pénal; c'est oublier que cette somme est, en bonne partie, sinon pour le tout, destinée à réparer le dommage causé, ce qui lui donne le caractère d'une obligation contractuelle quant à la portion qui représente l'indemnité. Voici en résumé la singulière conséquence à laquelle nous arrivons: l'esclave de Primus est tué par Secundus, sans profit pour le coupable. Si cet esclave a eu pendant l'année qui a précédé le délit une valeur supérieure à celle qu'il avait au moment de sa mort, Primus sera indemnisé bien au delà de ce qu'il a perdu. Mais, au moins, que Secundus ne vienne pas à mourir avant la *litis contestatio*, sinon Primus n'aura absolument rien. En sorte qu'il peut ou ne recevoir aucune indemnité, ou en recevoir une supérieure à sa perte. Il faut convenir que bien souvent, en ces matières, les jurisconsultes romains cessent de justifier leur antique réputation de sagesse; leur logique est boiteuse et leur analyse incomplète.

CHAPITRE V.

Du montant de l'indemnité.

———

Un principe général que nous pouvons poser en tête de ce chapitre, c'est que le délinquant doit payer au propriétaire une somme égale à l'intérêt qu'avait celui-ci à n'être pas lésé. Cet intérêt contient deux évaluations : 1° la valeur intrinsèque de la chose ou sa dépréciation matérielle; 2° la valeur relative qu'elle avait pour le propriétaire. En d'autres termes, le coupable doit la valeur vénale de la chose et les dommages-intérêts.

La VALEUR VÉNALE d'abord. — Dans le cas du premier chef, nous savons que cette valeur s'estime eu égard, non pas à l'époque du délit, mais au moment de l'année le plus favorable à cette estimation, en remontant en arrière, à partir de la perpétration du fait (loi 21, § 1). Ce chef, en effet, était ainsi conçu : « *Qui servum....,* « *quanti id in eo anno plurimi fuit, tantum æs dare do-* « *mino damnas esto.* » Le calcul est simple lorsque la mort de l'esclave ou de l'animal a été le résultat instantané de la blessure; mais lorsqu'il s'est écoulé un certain temps entre la cause et l'effet, les jurisconsultes n'étaient pas d'accord sur le moment précis d'où il faut partir pour faire le calcul. Celsus se plaçait à la mort ; les autres à l'époque même de la blessure, et c'est cette dernière opinion qui a prévalu, au dire d'Ulpien (loi 21). Le jurisconsulte prévoyant s'occupe même du cas où il serait impossible de remonter le cours de l'année tout entière : c'est un jeune esclave qui a été tué moins d'un an après sa naissance ; on décide naturellement qu'on remontera jusqu'à cette époque (loi 23, § 7).

Le troisième chef dont les termes nous sont rapportés par Ulpien dans la loi 27, § 5, se termine par ces mots ; « *Quanti ea res erit in diebus triginta proximis,* « *tantum æs domino dare damnas esto.* » Ainsi, pour faire l'estimation, on prendra l'époque la plus favorable dans les trente jours qui ont précédé le délit. A prendre à la lettre le texte de la loi, on pourrait soutenir que la victime du *damnum* réprimé par ce troisième chef, ne doit obtenir que la valeur ordinaire de la chose endommagée en son dernier état. Mais les Instituts (§ 15 de notre titre) nous avertissent qu'il faut suppléer dans le texte le mot *plurimi*, d'où la conséquence que la victime du dommage doit obtenir la plus haute valeur qu'avait eue la chose dans les trente jours qui ont précédé le délit. (ad. loi 29, § 8).

Les dommages-intérêts ensuite. — C'est de l'expression de la loi *quanti res est* qu'on a fait sortir la nécessité, pour le délinquant, de payer au propriétaire la

somme représentative de l'intérêt qu'avait celui-ci à
n'être point privé de sa chose ou à ne point la voir détériorée. M. de Savigny (1) fait observer que si cette
expression peut désigner *l'intérêt*, c'est-à-dire tout le
dommage que cause la violation d'un droit, sa signification la plus naturelle serait l'équivalent du prix d'une
chose, sa *valeur vénale*. Tel est, en effet, le sens qui lui
fut attaché à l'origine; c'est la jurisprudence qui étendit
par voie d'interprétation le bénéfice de l'action à tout
intérêt constaté (Instit., § 10 de notre titre; loi 21, § 2,
Dig.). Qu'un esclave soit tué, on tiendra compte de
tous les avantages qui l'ont rendu plus précieux pour
son maître, dans le courant de l'année, bien que ces
avantages aient disparu au moment du délit. Par exemple, cet esclave avait été institué héritier; on estimera
l'hérédité dont le maître se trouve privé, pourvu que
la succession fût ouverte au moment de l'homicide
(loi 23, § 2). Mais encore faut-il que l'esclave ait été en
position d'acquérir l'hérédité. J'institue un de mes
esclaves avec affranchissement et je lui substitue Primus. Je meurs et l'esclave est tué avant que la condition dont dépend l'institution soit réalisée; l'esclave n'a
donc jamais été ni libre ni héritier : il est mort esclave
de la succession. Cette succession va à Primus, qui y
recueillera l'action aquilienne, mais on ne devra pas
compter dans l'estimation du dommage l'hérédité que
jamais l'esclave n'a été en position d'acquérir. Bien

(1) *Traité de droit romain*, t. V, appendice XII.

mieux, Primus pourra-t-il réclamer la valeur vénale de cet esclave? à quel titre? il ne souffre aucun dommage; Primus étant substitué, ne pouvait venir qu'à son défaut; ce qui a empêché l'esclave d'acquérir l'hérédité en devenant libre, c'est sa mort prématurée, de telle sorte que cette mort a donné ouverture à la substitution et, au lieu de nuire à Primus, lui a rendu service. En somme, Primus ne peut réclamer l'action aquilienne (loi 23, § 1).

Quelques autres exemples nous montreront le mécanisme complet de cette théorie : mon esclave s'était rendu coupable de graves infidélités à mon préjudice et je me proposais de lui appliquer la question pour le forcer à révéler ses complices. Il est tué par un tiers; l'action aquilienne me fera obtenir et sa valeur vénale et l'intérêt que j'avais à découvrir les fraudes (loi 23, § 4). Le propriétaire d'un quadrupède est poursuivi par l'action *de pauperie*. Un tiers tue l'animal et enlève ainsi à son maître la faculté de faire l'abandon noxal, en sorte qu'il est condamné à payer tout le dégât. Il pourra se faire rembourser la différence entre le montant de le *litis æstimatio* et la valeur vénale du quadrupède (loi 37, § 1).

J'ai promis Stichus ou Pamphile, à mon choix; Stichus vaut dix, Pamphile vaut vingt; le créancier tue Stichus avant que je sois en demeure (1), il doit être

(1) Le créancier qui a mis son débiteur *in mora* est dans la même position que s'il avait reçu son payement; s'il détruit la chose, c'est pour lui-même qu'il la fait périr (loi 54).

traité comme un étranger qui aurait fait mourir cet esclave; il a tué celui qui valait le moins et il me force ainsi de lui livrer celui qui vaut le plus. Je dois donc obtenir et la valeur vénale de Stichus, et l'intérêt que j'aurais eu à le payer plutôt que Pamphile. Il serait possible que Pamphile lui-même fût mort par cas fortuit; je suis libéré de mon obligation. L'action aquilienne subsiste-t-elle néanmoins eu égard à la valeur de Pamphile? Oui, sans doute; il suffit que mon intérêt ait été égal à cette valeur, soit au moment de la mort de Stichus, soit à un moment quelconque de l'année qui précède (loi 55).

L'estimation de l'indemnité doit porter sur tout le dommage pécuniaire subi par le maître de l'objet détruit ou endommagé, mais ne pas aller au delà : ainsi l'intérêt d'affection n'est jamais pris en considération (loi 33 *Princ.*). On ne doit, non plus, tenir compte que de l'utilité certaine de l'objet détruit; ainsi celui qui a brisé des filets ne doit pas rembourser au propriétaire le poisson qu'il aurait pu prendre à la pêche (loi 29, § 3).

Nous connaissons toute l'importance de la fixation du moment du délit comme point de départ de l'époque à considérer pour l'évaluation du dommage. Le § 2 de la loi 51 et le § 3 de la loi 11 trouvent ici leur application. Primus a blessé mortellement mon esclave; mais avant qu'il meure de cette blessure, un tiers survient et l'achève. Primus a-t-il blessé ou tué mon esclave? S'il ne l'a que blessé, il ne doit que la plus haute valeur pendant les trente jours précédents; s'il l'a tué, il doit la plus haute valeur pendant toute l'année. La question est donc grave par ses conséquences; elle est grave aussi à un autre point de vue : si l'on poursuit Primus comme ayant tué, à quel moment devra-t-on se placer pour faire l'estimation? Ceci peut avoir une très-grande importance si, comme dans la loi 51, on suppose une institution d'héritier dans le temps intermédiaire entre les deux blessures. Nous avons vu que, dans l'opinion de la majorité des jurisconsultes, il faut se placer au moment de la blessure. Dans l'action dirigée contre Primus, on ne pourra donc pas faire entrer en compte l'estimation de l'hérédité.

Accroissement au double de l'estimation. — Dans certaines actions, la condamnation du défendeur s'accroît au double en cas de dénégation, *lis inficiando crescit in duplum.* Au nombre de ces actions se trouve l'action *iudicati* et ses dérivés, notamment l'action de la loi Aquilia. Le juge, punissant un *damnum* prévu, soit dans le premier, soit dans le troisième chef, insère dans la sentence ces mots employés par la loi : *damnas esto* (1); voilà pourquoi l'action aquilienne est mise sur la même ligne que l'action *judicati* (loi 3, § 1; loi 23, § 10, dig.; loi 4 de notre titre, cod.). — Pour qu'il y ait lieu à l'accroissement au double de la condamna-

(1) On trouve la même particu'arité dans le legs *p:r damnationem;* aussi l'action *ex testamento* qui en résulte est-elle considérée comme une espèce d'action *judicati* et peut-elle monter au double.

tion, il faut que la dénégation du défendeur porte sur sa participation personnelle au fait dommageable. S'il avoue être l'auteur du délit, il n'y a plus à débattre qu'une question d'indemnité et la condamnation ne dépassera pas le simple, mais elle atteindra toujours ce chiffre, quand bien même il serait prêt à prouver que son aveu repose sur une erreur de fait. C'est, en effet, un caractère commun à toutes les actions susceptibles de s'accroître au double par suite de dénégation que l'aveu du défendeur ne puisse être rétracté. « Le motif de cette décision est le caractère de transaction imprimé à l'aveu qui protége le défendeur contre le risque d'être condamné à une double réparation..... L'impossibilité de la participation à l'acte n'est pas une raison de restitution contre l'aveu; elle pourrait, en effet, résulter d'un *alibi*, et néanmoins cette preuve ne détruirait pas l'obligation créée par l'aveu (1). » Tout cela, cependant, doit s'entendre du cas où il y a eu un délit commis; l'aveu du défendeur n'a nullement pour but de soustraire le demandeur à la preuve du fait dommageable lui-même, mais seulement de mettre le premier à l'abri des risques qu'il courrait en niant sa participation personnelle, et une semblable participation est bien impossible, si, en réalité, il n'y a pas eu de fait dommageable (loi 23, § 11; lois 24, 25, *Princ.*; loi 4, *de confessis*). — L'aveu ne rendait pas le jugement superflu, car le juge avait à fixer le montant du dommage éprouvé (loi 25, § 2 et 26).

(1) Savigny, t. VI, § cccvii.

Nous pouvons maintenant juger complétement lé caractère de l'action aquilienne. Elle peut être simplement pénale unilatérale, c'est-à-dire *rei persecutoria* au point de vue du demandeur, *pœnæ persecutoria* au point de vue du défendeur : c'est ce qui arrivera dans le cas où la chose détruite n'a pas changé de valeur dans le temps que l'on considère pour le calcul de l'estimation et où le délinquant avoue sa participation au fait. En ce cas, la loi Aquilia poursuit simplement le payement de l'indemnité. — Mais comme le demandeur peut, dans de certaines limites, faire remonter l'application de l'indemnité à une époque antérieure qui lui est plus favorable et recevoir ainsi plus que ce qu'il a réellement perdu, l'action aquilienne contient une peine indéterminée et purement éventuelle, et devient alors bilatérale. Si nous ajoutons que lorsque le coupable nie sa faute, l'indemnité évaluée est portée au double, il faut bien reconnaître qu'il s'agit encore d'une pénalité. Or, comme la simple possibilité de la peine détermine la nature juridique de l'action, l'action de la loi Aquilia est pénale ; nous avons eu à critiquer les conséquences que les jurisconsultes romains ont cru pouvoir tirer de ce principe. Nous n'y reviendrons pas.

CHAPITRE VI.

Du concours des actions.

Nous avons vu jusqu'à présent le *damnum injuriâ datum* violer simplement un droit de propriété; il peut violer en même temps un droit de propriété et un droit de créance; il peut aussi constituer un délit puni par une autre loi pénale. Ce sont là deux hypothèses distinctes que nous devons examiner : dans la première, c'est le concours d'une action pénale avec une action *rei persecutoria;* dans la seconde, le concours de plusieurs actions pénales.

§ I. Concours des actions pénales et rei persecutoriæ.

Un contrat de commodat a eu lieu, le commodataire détruit la chose prêtée : le commodant a contre lui l'action *commodati directa* qui est *rei persecutoria*, et l'action de la loi Aquilia, puisque la destruction de cette chose constitue le *damnum* prévu par la loi. Ces actions vont-elles se cumuler? Puisqu'il s'agit pour le commodant d'obtenir la réparation du préjudice qu'il a éprouvé, il n'est pas possible qu'ayant obtenu son indemnité par 'une, il vienne, par l'autre, réclamer une autre indemnité ; cependant les deux actions ne doivent pas toujours donner la même condamnation et il serait injuste de faire souffrir le demandeur d'avoir trop légèrement exercé son choix. Voici donc ce que décidaient les jurisconsultes : si le commodant commence par intenter l'action qui doit aboutir à la condamnation la plus forte, son droit est complétement absorbé, et l'autre action lui est fermée. Que si, au contraire, il exerce d'abord l'action qui ne doit aboutir qu'à la condamnation la plus faible, il pourra recourir à l'autre pour obtenir le *amplius*, c'est-à-dire la différence entre la condamnation la plus faible et la plus forte. Les deux actions s'excluent donc pour ce qu'elles ont de commun, ce que M. de Savigny appelle la *communauté d'objet*. Ainsi, pour rester dans notre hypothèse, par l'action *commodati directa*, le commodant obtiendra le *id quanti interest*, tandis que, par l'action de la loi Aquilia, il réclamera la plus haute valeur que la chose a eue dans l'année ou les trente jours qui ont précédé le délit ; l'action aquilienne remplira ainsi le caractère pénal auquel, seule, elle peut donner satisfaction.

C'est en ce sens qu'il faut expliquer les textes nombreux qui semblent décider que les deux actions s'excluent réciproquement ; il suffit de voir l'espèce dans laquelle ils statuent pour se convaincre qu'ils s'occupent du cas le plus ordinaire, celui où l'action de la loi Aquilia et l'action résultant du contrat aboutissent au même résultat, la chose détruite ou détériorée n'ayant pas eu de valeur supérieure à la valeur actuelle pendant l'année ou les trente jours qui ont précédé le *damnum* (lois 18 et 27, § 11 de notre titre, Dig.; lois 47, § 1, 48, 49 et 50, *Pro socio;* loi 18, § 1, *Commodati;* loi 9, *Arborum furtim cæsarum;* loi 36, § 2, *De hæreditatis petitione;* loi 43, *locati*). D'autres textes émanés des mêmes auteurs énoncent très-explicitement la doctrine que nous avons exposée; il suffira de citer la loi 31, § 2, *De obligat. et action.;* la loi 7, § 1, *Commodati;* la loi 2, § 3, *De privatis delictis.* De ces fragments, on peut conclure que lorsque le demandeur a déjà exercé l'action du contrat, l'action aquilienne peut encore lui être donnée pour le tout, mais ne produira son effet que pour le *ampliùs.* Le préteur délivrera la formule, mais y insérera une exception *in factum,* pour imposer au juge le devoir de déduire de la condamnation le *simplum* déjà obtenu par l'action du contrat. Cette explication est confirmée par le *principium* de la loi 34, *De oblig. et action.,* où nous lisons ces mots : « *Sed hæc sententia per prætorem inhibenda est.* » (*Conf.,* loi 14, § 13, *Quod metûs causâ*).

§ II. Concours des actions pénales.

Le même acte peut violer différentes lois pénales, et ainsi, quoique simple en lui-même, peut contenir plusieurs délits. En ce cas, il n'y a réellement pas concours, puisqu'il n'y a pas communauté d'objet : c'est, par exemple, l'esclave d'autrui qui a été violée; c'est une personne qui frappe un esclave dans l'intention d'outrager son maître, ou bien qui l'a volé, puis tué. Dans cette dernière hypothèse, il y a deux délits, un vol et un meurtre, deux actions, l'action *furti* à laquelle s'adjoint la *condictio furtiva* et l'action aquilienne. Cependant le préjudice causé au propriétaire a été unique, d'où la question de savoir si la réparation doit aussi être unique, ou bien si le propriétaire peut cumuler toutes les actions qui lui sont données.

Trois opinions s'étaient produites dans la jurisprudence romaine : Modestin n'admet à la fois qu'une seule des actions pénales (loi 33, *Princ.*, *de oblig. et act.*). Trouvant aux deux actions une même origine, le jurisconsulte leur attribue à tort un même objet juridique.

Paul applique au concours des actions pénales la même règle qu'à celui des actions pénales et *rei persecutoriæ*; après l'exercice de l'une des actions, il n'admet la seconde que pour le *ampliùs* (loi 34, *Princ.*, *de oblig. et act.*). Son raisonnement reproduit dans plusieurs autres textes (loi 1, *Vi bonorum raptorum*; loi 82, *De furtis*; lois 1 et 11, *arborum furtim cæsarum*), paraît juste pour l'indemnité, il ne l'est pas pour l'action purement pénale, étant admis le système romain des délits privés.

Papinien et Ulpien, dont l'opinion finit par prévaloir, pensent que toutes les peines peuvent être appliquées intégralement (loi 60, *De oblig. et act.*; loi 130, *De regulis juris*: loi 6, *Ad legem Juliam de adult.*). Cette opinion est reproduite aux *Instituts* de Justinien, au § 1er, *Si quadrupes pauperiem*, IV, 9. Déjà, dans la loi 33, *De oblig. et act.*, Hermogénien en avait proclamé le triomphe, et de nombreux fragments du Digeste en donnent l'explication.

Pothier a cru qu'un seul système avait été présenté sur le concours des actions pénales privées; seulement, d'après lui, il faut distinguer le cas où plusieurs actions naissent du même fait et celui où elles naissent de faits différents. Dans la première hypothèse, et c'est la seule qui fasse difficulté, la règle serait que la valeur obtenue par l'une des deux actions doit nécessairement se déduire de l'autre : comme on le voit, c'est le système de Paul, et Pothier l'établit facilement en ne citant que les textes de ce jurisconsulte. Quant aux fragments que nous avons donnés comme fondement de la troisième opinion, Pothier les applique à la seconde hypothèse, celle où plusieurs actions pénales naissent de faits différents. Où Pothier a-t-il puisé cette distinction? Il serait malaisé de le dire, et, quelque douleur qu'on puisse éprouver à voir une fois de plus les jurisconsultes romains étaler un désaccord que Justinien a oublié de dissimuler, il faut reconnaître qu'effectivement les opinions des prudents étaient loin d'être unanimes; c'est un point que les travaux de M. de Savigny (1) et de M. Pellat (2) ont complétement mis en lumière.

(1) *Traité de droit romain*, t. V, § ccxxxiv.
(2) *De la propriété*, p. 165 et 166.

Pour résumer d'un trait ce que je crois être le système des jurisconsultes romains en ces matières, le seul cas où le concours des actions ne soit pas possible peut se formuler en ces termes (1) : *La chose que nous avons obtenue en vertu d'une action, ne peut être réclamée une seconde fois par une action nouvelle.* On aperçoit que cette règle ne peut concerner que l'indemnité et non la peine, d'où les règles suivantes :

Les actions *rei persecutoriæ* ne tolèrent pas le concours.

Les actions ayant pour objet une indemnité ne l'admettent que pour l'excédant.

Les actions pénales l'admettent toujours.

§ III. Cumul de l'action pénale publique avec l'action pénale privée.

Nous avons vu que les Romains ne se bornaient pas à punir d'une simple amende privée les crimes qui paraissaient plus particulièrement atteindre l'ordre public en même temps qu'ils blessaient quelque intérêt particulier. Le meurtrier d'un esclave n'était pas seulement traité comme celui qui a tué une bête de somme, et, après l'institution des *Quæstiones perpetuæ* qui créèrent les accusations publiques, la loi Cornelia, *De sicariis*, vint frapper d'une peine capitale ceux qui marchaient

(1) J'emprunte ce résumé général à l'excellent travail de M. Delpech, p. 11

avec une arme au meurtre d'un homme. (Insti., IV,
18, § 5.) L'assassin de l'esclave peut désormais, après
avoir été poursuivi pour le payement d'une indemnité
pécuniaire, être sous le coup d'une accusation capitale;
l'exercice de l'action privée ne faisait pas obstacle à
l'exercice de l'action publique, à la peine pécuniaire
s'ajoutait la peine décrétée par le peuple. (Lois 5,
'Princip., 23, § 9, *Ad leg. Aquiliam*; Dig., et 3, *eod lit.*
Code.) Nous avons critiqué le système pénal des Romains; nous avons démontré qu'il était contraire en
son principe au fondement rationnel de la pénalité. Le
résultat que je signale en terminant n'a rien qui dé-
truise ces critiques.

DROIT FRANÇAIS

CHAPITRE I.

Notions préliminaires.

Nous connaissons la nature de l'action publique et de l'action civile, leur origine commune et leur but distinct. Nous avons vu ce qu'elles étaient dans le droit romain et combien leur séparation rationnelle était restée incomplète. Avant d'arriver à l'étude analytique de l'action civile d'après la législation actuelle, il importe de jeter un coup d'œil rapide sur l'histoire de notre droit et d'y chercher les traces du travail qui, dégageant peu à peu l'intérêt de la société et l'intérêt privé dans la réparation des actes criminels, finit à l'indépendance absolue des actions destinées à satisfaire ces deux intérêts.

SECTION I.

Aperçu historique.

Le principe qui domine la législation pénale de tous les peuples barbares est celui de la vengeance privée; il exista aux origines de Rome et laissa des traces profondes dans les institutions juridiques de ce peuple qu'à tant d'autres points de vue nous devons encore admirer. Nous le retrouvons chez les nations germaniques dans tout son développement. L'offensé a un véritable droit de guerre et, quand il renonce à venger son injure à force ouverte, il peut exiger du coupable une composition destinée à réparer le préjudice qu'il a souffert.

L'accusation fut donc, à son origine, essentiellement privée; ayant pour but la composition, c'est-à-dire le dédommagement de la partie lésée, exercée surtout dans l'intérêt de cette partie, elle n'était, en général, exercée que par elle. « Ainsi, la répression des crimes se trouvait placée dans les mains des personnes que ces crimes avaient blessées; ainsi l'action privée était la seule action répressive. Cette règle, nous l'avons déjà remarqué, domine toutes les sociétés encore barbares; l'action publique qui exprime l'intérêt social et place à côté du préjudice privé le préjudice moral de la cité, suppose la constitution de l'État et l'intelligence de ses droits (1). »

Cependant, dès les premiers siècles de notre monarchie, nous voyons l'autorité publique intervenir dans les poursuites criminelles. Une part des compositions est attribuée au fisc à titre de *fredum;* même certains attentats qui troublent spécialement l'ordre public sont frappés d'une amende au profit du roi (*bannum*). Bientôt apparaît, comme représentant l'intérêt social, la poursuite d'office ; un capitulaire de 769 prescrit aux juges de poursuivre la punition des crimes dans tous les lieux où ils seront découverts. Comme dans la législation romaine, à mesure que l'idée de l'État, que les besoins d'ordre public se développent, l'initiative de l'autorité publique stimulée par l'impuissance et l'inactivité des parties lésées, tend à se manifester, sans que l'intervention de ces parties soit encore laissée de côté. Cependant il n'en fut pas de notre pays comme de Rome, où l'action publique apparut sous la forme de l'accusation populaire ; chez nous, cette action est immédiatement placée entre les mains du juge représentant de l'autorité souveraine. Cela tient à l'intérêt qu'eurent, dès l'origine, le roi et les chefs de justice à la réparation des crimes, par la perception du *fredum* et du *bannum*, en sorte que la poursuite, même dans les cas où elle

(1) Faustin Hélie, *Instruct. crim.*, t. II, § 401. Dans le rapide tableau que je me propose de tracer du développement de l'action publique et de l'action civile, je dois avertir que je m'inspirerai souvent des idées du savant magistrat.

est exercée d'office, n'est que la représentation d'un intérêt particulier. Mais ce qui domine toute cette première période, c'est le droit des parties lésées traduit par l'accusation; c'est le caractère essentiellement privé de l'action. La lésion éprouvée est la base de l'accusation, la réparation en est le seul but; les autres peines n'arrivent qu'accessoirement. L'intérêt commun de la répression des crimes reste encore une idée confuse.

Même lorsque la législation germanique a disparu, vers le xiie siècle, l'action criminelle ne change pas de caractère. Devant les justices seigneuriales, comme devant les *placita* des comtes, toute la procédure suppose la présence et la lutte d'un accusateur et d'un accusé; il faut une plainte pour saisir la justice et une partie pour soutenir cette plainte. Cependant la poursuite d'office s'est organisée, elle est devenue un mode régulier de procédure; lorsque le crime est *clers et apert*, c'est-à-dire flagrant et notoire, il peut *être vengié par l'office du juge*. La loi canonique, tout imprégnée des principes du droit romain, fit faire un grand pas aux institutions de cette époque; elle avait ressuscité pour les délits de la compétence des tribunaux ecclésiastiques, l'accusation publique, c'est-à-dire l'accusation exercée par toute personne capable. Elle créa l'enquête qui, promptement introduite dans les tribunaux séculiers, opéra dans les matières criminelles toute une révolution. L'enquête se faisait secrètement, sans le concours des parties lésées; celles-ci, rejetées d'une procédure qu'elles avaient jusque-là dirigée, incertaines de ses résultats, hésitèrent dès lors à se charger du fardeau de l'accusation. Elles eurent recours à la dénonciation qui mettait leur responsabilité à l'abri; cette dénonciation, comme le flagrant délit, ouvrait la voie à l'enquête dirigée par le juge. La vengeance privée fait place à la vengeance publique; aux compositions succèdent les supplices; la peine semble se proposer une mission générale, un but social. Alors les droits des parties lésées changent eux-mêmes de nature; ils se concentrent dans la réparation de la lésion causée par le crime. L'action publique et l'action civile commencent à apparaître distinctes et séparées.

La création d'une partie publique, représentant immédiat du souverain distributeur de la justice, de la société intéressée à la répressions des crimes, accéléra ce mouvement; elle avait été rendue nécessaire par le caractère nouveau de la poursuite: les parties lésées se bornaient à porter leurs plaintes sans intervenir dans l'instruction; lorsque les juges informaient d'office, il n'y avait d'autre partie au procès que l'accusé, et les procédures languirent. Les procureurs royaux vinrent combler la lacune qu'avait révélée la pratique; aussi n'eurent-ils, à l'origine, d'autre droit que de faire des réquisitions après la première information faite. Mais bientôt leurs attributions grandirent et l'accusation passa rapidement dans leurs mains. Dès le XVIᵉ siècle, Jean Imbert dans sa *Practique judiciaire* (liv. III, chap. I, p. 625), pose avec une certaine netteté les principes qui vont devenir les fondements du droit nouveau;

« Nous avons deux manières d'accusateurs, les uns
qui poursuivent l'intérest du roy et de la chose publique, que nous appelons les gens du roy; ils tendent à
punition corporelle et amende honorable et pécuniaire
contre le délinquant. Les autres demandent réparation
de leur intérest civil qu'ils ont souffert à cause du dé-
lict commis en leurs personnes ou en leurs biens par
notre style; combien que selon droict commun ils peuvent tendre à punition corporelle et à réparation de
leurs intérests. » On voit que l'action publique se constitue sur des bases solides; aux efforts isolés des partis, à la lutte des forces individuelles, se substituent
l'intervention de l'autorité publique, la puissance de la
force sociale. Il ne faudrait pas croire cependant que,
dès cette époque, les parties civiles eussent perdu leurs
droits sur les poursuites criminelles; elles continuent
à accuser, à conclure à l'application des peines : « La
partie civile, dit Ayrault (*Inst. judic.*, IVe partie, liv. II),
c'est *le vray demandeur et accusateur*, le procureur du
roy n'est que joinct. » Les grandes ordonnances du
XVIe siècle ont commencé à organiser toute cette procédure, mais avec une certaine indécision qui trahit l'incertitude des principes; voici comment on peut tracer
le rôle de chacun : la partie civile, la partie publique et
le juge ont l'initiative de la poursuite; la partie civile
procède communément à l'information et saisit les juges, la partie publique intervient dans la poursuite
plutôt qu'elle ne la provoque et requiert l'application
de la peine; si la poursuite n'a été entamée ni par la

partie civile, ni par la partie publique, le juge ordonne d'office une information, procède à tous les actes de l'instruction et statue sur les conclusions du procureur du roi.

L'ordonnance de 1670 ne modifia pas profondément cette distribution de pouvoirs ; les plaignants, lorsqu'ils se constituent parties civiles, figurent toujours comme parties principales, même dans les procès de grand criminel ; seulement, ils ne sont plus chargés de faire procéder aux informations dont l'accomplissement entier est passé aux juges ; mais les procès sont poursuivis à leur diligence et sous leur nom, et ils peuvent obliger le ministère public de joindre leur action à la leur pour conclure à la peine (1). Ils dirigent l'instruction, recherchent les témoins et font une partie des actes. On faisait cependant une différence entre les délits, suivant qu'ils étaient frappés de peines afflictives ou qu'ils n'entraînaient que des peines moindres ; les premiers, lorsque les personnes lésées restaient dans l'inaction, étaient poursuivis par le ministère public : on les nommait *délits publics*. Les seconds ne pouvaient être poursuivis que par les parties offensées et on les nommait pour cela *délits privés;* si elles gardaient le silence, si elles transigeaient, si ayant formé leur action, elles s'en désistaient, l'affaire était terminée, le ministère public ne pouvait agir d'office. Cependant, l'on aperçoit combien les droits de la partie publique ont gagné de terrain depuis le xviᵉ siècle ; elle peut, en certains

(1) Jousse, *Justic. crimin.*, t. I. p. 667 ; t. III, p. 71.

cas, entamer la poursuite; tous les actes de la procédure lui sont soumis et aucun décret ne peut être rendu
que sur ses conclusions; seule, elle peut conclure à
l'application d'une peine, en sorte que la partie civile,
quoique son action se confonde, dans les formes de la
procédure, avec l'action publique, ne demande plus
que la réparation du dommage ou de l'offense qui lui
a été faite.

Les juges, de leur côté, ont conservé la plus grande
partie de leurs attributions, et ils maintiennent leur
droit de commencer la poursuite d'office sans le concours d'aucune partie; comme l'ordonnance de 1670
ordonnait que toute poursuite fût faite sous le nom de
l'une des parties, ils éludaient cette disposition en plaçant leurs actes sous le nom de la partie publique, à
l'insu de celle-ci qui ne pouvait la désavouer; on for-
mulait ce pouvoir des juges en la maxime connue :
Tout juge est procureur général.

Voilà donc les phases qu'a subies, dans notre ancienne jurisprudence, le travail de séparation des deux
actions. « L'action publique est placée d'abord exclusivement aux mains des parties lésées; puis le mouvement social qui cherchait à fonder l'ordre public
l'entraîne peu à peu dans celles des juges; enfin, la
partie publique apparaît comme une conséquence du
pouvoir royal et vient l'exercer avec les parties et les
juges. Ainsi, elle est successivement considérée comme
inhérente au droit de plainte, comme une branche du
droit de justice, comme un corollaire de la souverai-

neté (1). » Pendant ce temps, les droits des parties
lésées se réduisent et se concentrent dans la réparation du dommage privé, seul titre de leur intervention
au procès; les mœurs, des traditions respectées leur
ont fait garder un rôle considérable dans l'instruction ;
mais le but immédiat de leur action se détermine et se
précise : c'est la satisfaction de leurs intérêts particuliers. Le grand commentateur de l'ordonnance de
1670, Jousse, distingue l'action publique et l'action
civile avec une netteté, une sûreté de doctrine qui
montrent à quel point on se rapprochait des principes (2). Un seul point est défectueux, c'est la procédure qui peut faire croire, à première vue, que nos
criminalistes et notre jurisprudence, à son dernier
état, tâtonnaient encore en cherchant la vérité.

Vient la Révolution. Il n'entre pas dans mon sujet
d'examiner les vicissitudes qu'eut à subir, pendant
toute cette période, le droit d'accusation; l'Assemblée
nationale avait repoussé l'accusation populaire, incom-
patible avec les mœurs d'un grand pays depuis longtemps habitué à la centralisation la plus puissante, et
d'ailleurs insuffisante pour répondre aux exigences de
l'intérêt social. L'action publique fut donc laissée entre
les mains d'une magistrature spéciale dont l'organisation fut adaptée aux idées du moment, et les parties
lésées virent encore restreindre leur part d'intervention dans les poursuites criminelles. Ce fut le Code du

(1) Faustin Hélie, t. II, p. 89.
(2) T. I, p. 561.

3 brumaire an IV qui, le premier, proclama d'une manière nette et précise les principes du droit nouveau. L'action publique et l'action civile sont soigneusement distinguées : la première est exclusivement exercée par les fonctionnaires établis à cet effet; à la vérité, les parties civiles sont admises à concourir à l'acte d'accusation, mais elles ne sont qu'associées à l'exercice d'une action déjà intentée par la volonté du magistrat à qui elle est confiée; elles ne peuvent pas l'intenter directement. Enfin, ce Code disposa : « Tout délit donne essentiellement lieu à une action publique. » Ainsi se trouva proscrite toute distinction entre les délits publics et les délits privés (art. 5).

Ce dernier principe a-t-il été abandonné? Le Code d'instruction criminelle, sans doute, ne porte pas, comme le Code de brumaire, que tout délit donne essentiellement lieu à une action publique; mais il n'en est pas moins certain que nous n'avons plus aujourd'hui de délits privés. En effet, l'article 4 du Code d'instruction porte : « La renonciation à l'action civile « ne peut arrêter ni suspendre l'exercice de l'action « publique. » Ces termes sont absolus; ils n'admettent aucune distinction. Dans le projet soumis au conseil d'État, on en avait établi une : l'article portait que « la renonciation à l'action civile ne peut arrêter ni suspendre la poursuite d'une contravention ou d'un délit, *lorsqu'ils sont de nature à blesser l'ordre public.* » Mais on fit observer que tous les délits blessent l'ordre public, qu'il faut prendre garde d'affaiblir un principe certain en faveur de quelques cas particuliers qui ne se présentent que très-rarement; en conséquence, le conseil d'État rejeta la rédaction qui lui était proposée et adopta celle qui forme aujourd'hui l'article 4 du Code (1).

Ainsi, dans tous les cas où une loi pénale est violée, deux actions naissent: l'action publique, l'action civile. La première appartenant à la société pour la punition de l'atteinte portée à l'ordre social; son objet est l'application d'une peine; elle n'est exercée que par les fonctionnaires auxquels elle est confiée par la loi. La seconde appartenant à la personne qui a souffert un dommage par suite du fait puni par la loi; son objet est la réparation du préjudice causé par le fait aux intérêts privés (art. 1, Cod. Inst. crim). A chaque intérêt son action; à chaque action son objet déterminé et son propriétaire certain. La séparation s'est achevée; voyons si elle est vraiment complète et si les principes rationnels ont trouvé leur application dans notre droit.

SECTION II.

De l'action civile dans le droit actuel et des droits des parties civiles.

Les parties lésées par le délit participent-elles à l'exercice de l'action publique ? Les en exclure complétement eût été singulièrement entraver la célérité

(1) Conseil d'État, procès-verbal du 27 fructidor an XII.

et l'efficacité des poursuites criminelles, nuire, par conséquent, à l'intérêt social de la répression. La société peut à bon droit compter sur le zèle et la vigilance des magistrats; mais leur attention n'a-t-elle pas besoin d'être éveillée, leur poursuite ne doit-elle pas être éclairée par la personne qui, ayant éprouvé la première et plus directement les effets du délit, stimulée par ses intérêts compromis, est en position de jeter sur la procédure les plus abondantes lumières?

Nous avons montré, au début de cette étude, comment l'action publique et l'action civile s'appuient mutuellement et puisent l'une dans l'autre une force nouvelle; nous savons qu'elles poursuivent en somme un intérêt commun, qui est la réparation complète du dommage multiple causé par tout fait coupable. L'intervention des parties lésées dans la poursuite est donc une règle essentielle, inhérente à la nature des choses; aussi fut-elle admise par les rédacteurs du Code sans aucune discussion. Se référant à cet égard aux lois antérieures, ils ont distingué la matière correctionnelle et la matière criminelle. En matière correctionnelle, la partie peut mettre l'action publique en mouvement, car elle saisit les juges par sa citation directe (art. 182, Cod. Instr. crim.). Il s'agit là, très-souvent, de faits de peu d'importance qui, en des cas nombreux, semblent ne toucher que l'intérêt privé; le ministère public, qui ne considère que l'intérêt social, pourrait souvent les négliger ou les perdre de vue, et cependant, il importe de les réprimer promptement. Ces considérations justifient suffisamment le privilége accordé aux parties lésées.

Au grand criminel, elles n'ont que le droit de plainte (art. 63 C. Instr.); mais en se constituant parties civiles, elles deviennent parties nécessaires au procès et leur intervention exerce une grave influence sur le sort de l'accusation. « La loi, en effet, assure à la partie civile, pour la poursuite de son action, diverses prérogatives qui se reflètent sur l'action publique elle-même. Elle a le droit de former opposition à l'ordonnance du juge d'instruction qui ordonne l'élargissement du prévenu (art. 135); elle fournit ses mémoires à la chambre d'accusation (art. 117); elle produit aux débats ses témoins (art. 315); elle prend part à l'interrogatoire de l'accusé et des témoins, à la discussion des charges et des expertises (art. 319); elle peut requérir soit l'arrestation des personnes dont la déposition lui paraît fausse, soit le renvoi de l'affaire à une autre session (art. 330 et 331); enfin, la parole lui est donnée pour soutenir les moyens de l'accusation, et la réplique pour combattre la défense (art. 335). Il est clair qu'avec de telles attributions, elle devient un puissant auxiliaire de l'accusation et influe incontestablement sur le jugement. Ses conclusions, sans doute, ne tendent qu'à la réparation pécuniaire, mais cette réparation n'étant que la conséquence du crime, elle concourt évidemment, et par les preuves qu'elle apporte et par sa discussion, à l'application même de la peine (1). »

(1) Faustin Hélie, t. II, p. 158.

Cette intervention des parties civiles dans les poursuites criminelles ne contrarie en rien le principe moderne de l'indépendance absolue de l'action publique ; elle est commandée par la nature des choses, la nécessité de la répression, par le droit absolu qu'ont ces parties à obtenir réparation complète du préjudice qu'elles ont souffert. En dehors des modifications formelles apportées par la loi à la rigueur du principe, elles n'ont aucune influence sur cette action. Le législateur a voulu l'entourer d'un caractère complet d'impartialité, la dérober à l'ardeur des passions humaines (1) ; il a repoussé tout ce qui aurait pu rappeler l'ancienne confusion des deux actions ; ce n'est plus seulement le droit de requérir la peine qui est exclusivement réservé aux magistrats du ministère public, c'est l'action même qui tend à provoquer cette application ; et c'est pour cela, sans doute, que le Code d'instruction criminelle a abrogé la disposition du Code de brumaire an IV qui admettait la partie civile à concourir à la rédaction de l'acte d'accusation (art. 241) ; les droits de la partie civile se bornent à présenter des mémoires à la chambre d'accusation.

Si l'action publique a été concentrée entre les mains du ministère public, si la loi a voulu en assurer la complète indépendance, faut-il admettre qu'elle soit obligée de céder aux provocations des parties qui se pré-

(1) *Voy.* le Rapport fait au Corps législatif par le président de la commission de législation, le 17 novembre 1808. (Locré, t. XXV, p. 250.)

tendent lésées? Cette opinion a été soutenue par des auteurs recommandables; MM. Carnot, Legraverend, Bourguignon enseignent que les dénonciations et les plaintes ont pour effet nécessaire de mettre en mouvement l'action publique, et que le ministère public ne peut, en conséquence, s'abstenir de requérir une instruction sur toutes celles qui lui sont adressées. Cette doctrine, qu'on peut appuyer sur les textes de la législation intermédiaire, est insoutenable sous l'empire du Code d'instruction criminelle; les articles 47, 64 et 70 de ce Code qu'on a invoqués, ne se préoccupent nullement du droit des parties lésées dans ses rapports avec le droit du ministère public; ils tranchent simplement une question d'attribution qui avait été agitée, lors de la rédaction du Code, entre le ministère public et le juge d'instruction (1). En rapprochant ces textes de ceux de la législation antérieure, on peut apercevoir les différences qui les séparent. « La loi du 16 septembre 1791 et le Code de l'an IV ne se bornaient pas à énoncer l'obligation d'informer, ils ajoutaient une sanction, le recours du plaignant ou du dénonciateur, soit devant le jury d'accusation, soit devant le directeur du jury; il y avait donc là pour les parties un droit véritable avec ses conditions d'exercice. Notre Code n'a point reproduit ce recours; il n'a fait qu'indiquer la marche que le ministère public doit suivre, le mode d'exercice de

(1) Mangin, *de l'Action publique*, t. I, n° 16. — Faustin Hélie, t. II, p. 256 et suiv. — Procès-verbaux du conseil d'Etat, séances des 4, 7 et 11 juin 1808.

ses fonctions; mais il n'a lié ses actes par aucune sanction : il n'est pas même astreint, comme dans la législation antérieure, à donner acte de son refus d'agir; il reste donc le maître de son action. » Comment se fait-il que M. Faustin Hélie auquel j'emprunte ces paroles, restreigne sa solution au cas où il n'y a en cause que des dénonciateurs ou des plaignants, et change d'avis lorsque le plaignant se constitue partie civile? L'éminent jurisconsulte s'appuie sur ce que la partie civile a des droits et des prérogatives que la plainte seule ne donne pas, et en même temps des charges très-lourdes. La partie civile ne se borne point à dénoncer le fait, elle entame la procédure, elle y participe pendant sa durée; elle a au procès un intérêt constant qui est d'être indemnisée de la lésion qu'elle a soufferte. Mais elle agit à ses risques et périls, elle est responsable des frais et passible des dommages-intérêts du prévenu : aussi peut-elle se désister pendant vingt-quatre heures (art 66); mais passé ce temps, elle est liée à la cause où elle reste engagée jusqu'au bout. Comment avec de telles garanties n'aurait-elle pas une autre position que le simple plaignant? La loi, d'ailleurs, ne lui fait-elle pas elle-même cette position exceptionnelle? Elle met l'action publique en mouvement dans les matières correctionnelles, puisque sa citation directe saisit le tribunal (art. 182). Comment admettre, dès lors, qu'elle ne puisse provoquer une information, forcer le procureur impérial à envoyer ses réquisitions au juge instructeur (art. 63)?

Cette argumentation est pressante, mais elle ne renverse pas l'objection que M. Faustin Hélie a présentée victorieusement dans la question précédente : la partie lésée a, dit-on, le droit de forcer le ministère public à faire commencer une information sur sa plainte, lorsque cette plainte est accompagnée d'une constitution de partie civile ; que fera-t-elle donc si le procureur impérial refuse d'envoyer son réquisitoire au juge d'instruction ? La loi indique-t-elle un mode de recours ? En aucune façon ; pour reproduire les termes de M. Faustin Hélie, s'il y a un droit, comment le législateur n'a-t-il pas réglé les conditions de son exercice ? Je le répète, l'indépendance absolue de l'action publique est le principe général ; toute exception à ce principe doit être formelle ; où donc trouve-t-on écrite celle qu'on prétend exister en notre question ? La combinaison des articles 63 et 64 est l'argument triomphant qu'on oppose ; mais ces articles ne font qu'indiquer la marche que devront suivre les parties civiles pour appeler l'attention de la justice sur le crime dont elles prétendent avoir souffert.

On ajoute que le droit pour la partie civile de provoquer une information n'est que la conséquence rigoureuse de l'article 3 du Code qui ouvre à l'action privée la juridiction criminelle. Ceci n'est que spécieux ; l'article 3 suppose que les juges sont saisis de l'action publique ; il ne dit pas que le ministère public est forcé de former son action pour donner à la partie lésée la faculté de se réunir à lui. Il ne le dit pas et ne peut pas le dire ; sinon à quoi aurait servi ce long et laborieux travail de séparation dont nous avons suivi les phases, et que le législateur moderne crut certainement avoir achevé, lorsqu'il proclama l'indépendance de l'action publique? Et comment a-t-il entendu l'assurer? N'est-ce pas en centralisant l'action publique entre les mains du ministère public, but vers lequel la législation n'a jamais cessé de tendre depuis le xive siècle? M. Faustin Hélie prétend (p. 282) que c'est seulement en ce qui concerne l'exercice de l'action que la loi a entendu écarter la participation des parties lésées, qu'elle n'a voulu donner exclusivement au ministère public que le droit de requérir l'application des peines; qu'en ce qui concerne la mise en mouvement de l'action publique, comme ce n'est que le droit de saisir la justice d'une plainte, les particuliers ont le droit d'apporter leurs plaintes à la justice et de la saisir. Il me semble que le savant criminaliste ne se rend pas un compte bien exact de l'esprit du progrès que notre législation a entendu réaliser. L'action publique a été réservée aux magistrats pour empêcher que la vengeance privée ne s'introduisît dans le sanctuaire de la justice instituée pour la désarmer et la prévenir; avec le système que je combats, les fonctionnaires que la loi en a rendus dépositaires ne sont plus que des instruments offerts à toutes les haines, à toutes les vengeances, instruments fort dangereux, puisqu'une fois mis en mouvement, il n'appartient qu'aux tribunaux de les arrêter (1).

(1) Mangin, t. I, n° 20 et suiv. Conf. arrêt de cassat., 10 messidor an XII, séance du conseil d'État du 7 vendémiaire an XIII.

Devons-nous craindre, d'ailleurs, le droit de poursuite complétement arraché des mains des citoyens, que l'intérêt de la justice souffre, que les faibles et les petits. soient abandonnés sans protection à de puissantes rancunes, que l'oppression d'en haut ne trouve plus de barrières? Les garanties ne manquent pas : c'est d'abord le recours au procureur général et au ministre de la justice (art. 274, cod. instr.); c'est ensuite la surveillance des cours impériales, et, en certains cas, leur droit d'initiative (art. 235; loi du 20 avril 1810, art. 11); c'est enfin le droit de citation directe donné aux parties civiles, dans les matières correctionnelles et de police. Sur ce droit des parties civiles invoqué par M. Faustin Hélie à l'appui de sa thèse, je ferai observer, en terminant, qu'il offre peu d'inconvénients ; outre qu'il est limité à des faits peu graves, il y aura toujours une immense différence, pour la réputation d'un citoyen, d'être poursuivi par une partie privée ou de l'être par le ministère public ; d'être cité à une audience publique où la justification sera éclatante, ou d'être l'objet d'une procédure secrète, comme l'est celle qui se fait devant le juge d'instruction, sur la plainte des parties.

L'action publique est donc complétement indépendante entre les mains du ministère public et nous avons précisé les limites dans lesquelles il faut re fermer l'influence sur cette action des parties lésées. Celles-ci peuvent quelquefois la mettre en mouvement, mais elles ne l'exercent jamais; le ministère public l'exerce seul et il peut la mettre en mouvement à raison de tous les faits punissables dont il acquiert la connaissance, soit que les parties lésées aient porté plainte, soit qu'elles aient gardé le silence.

Telle est la règle générale; cependant, il est des délits qui, par leur nature même ou par les circonstances dans lesquelles ils sont nés, ne peuvent être abandonnés à la libre action du ministère public. Ces infractions, soit parce qu'elles se mêlent à la dignité et au repos des familles ou à l'honneur des personnes, soit parce qu'elles ne concernent que des intérêts privés, soit parce qu'elles ne sont susceptibles d'aucune preuve sans le concours des parties, ne doivent point être dévoilées par la poursuite, à moins que les personnes qu'elles ont lésées n'y aient consenti (1). Je ne puis examiner ces infractions, je n'ai qu'à constater une dérogation nouvelle aux principes de notre législation, un autre privilége des parties offensées suffisamment justifié par le peu d'intérêt qu'il y aurait à ce que l'action publique saisît indistinctement tous les délits, même lorsqu'ils ne concernent pas essentiellement

(1) La loi a nettement spécifié les délits qu'elle a placés dans le cercle de cette exception, ce sont : 1° le délit d'adultère (art. 336 C. pénal); 2° l'enlèvement d'une mineure (art. 357); 3° les délits des fournisseurs des armées (art. 433); 4° les crimes commis hors du territoire par un Français sur un Français; 5° la diffamation (lois du 26 mai 1819 et du 25 mars 1822); 6° les délits de chasse sur les terrains chargés de récoltes, et les délits de pêche dans les eaux des particuliers (loi du 3 mai 1846 et du 15 avril 1829); 7° les délits de contrefaçon (loi du 5 juillet 1844).

l'ordre public, par le grave inconvénient qu'il y aurait à l'appliquer sans restriction à tous ceux qui sont liés à la vie privée. Il y a là quelque chose qui rappelle les délits privés du droit romain et de notre ancienne jurisprudence, sans que les principes du droit nouveau soient complétement méconnus. L'action publique ne passe pas entre les mains des parties lésées; elle ne peut pas être mise en mouvement tant que la personne offensée garde le silence; mais, la plainte une fois intervenue, l'obstacle qui l'arrêtait ayant disparu, le ministère public agit et désormais son action est indépendante de la partie privée. Il n'y a d'exception à cette règle que pour le cas d'adultère; de l'art. 309 du Code Napoléon et de l'art. 336 du Code pénal la jurisprudence et la doctrine ont fait sortir la faculté pour le mari d'arrêter la poursuite par son désistement; la sainteté du mariage, la crainte du scandale, la paix des familles veulent qu'il en soit ainsi.

Nous connaissons maintenant le caractère propre de l'action publique et de l'action civile; nous savons qu'elles diffèrent et de but et d'agent; elles ont chacune une existence indépendante, chacune se régit par des règles qui lui sont propres. Ainsi, le ministère public peut exercer la sienne sans que la partie lésée soit obligée d'agir en même temps pour obtenir la réparation du dommage souffert; et la partie lésée peut former sa demande devant la juridiction civile quoique le ministère public n'ait dirigé aucune poursuite au criminel. L'une des deux actions peut disparaître sans que l'autre soit nécessairement éteinte. Il n'est pas jusqu'à la nature de la juridiction appelée à connaître de l'une et de l'autre qui ne témoigne de leur profonde indépendance; en effet, quoiqu'elles concourent à un but commun qui est la réparation complète du fait délictueux, quoique, dans l'esprit de la loi, elles doivent plus sûrement atteindre ce but en se réunissant devant les mêmes juges, elles peuvent être formées devant des tribunaux différents. Ce sont là autant de principes que nous allons développer en nous plaçant particulièrement au point de vue de l'action civile.

CHAPITRE II.

Par quelles personnes est exercée l'action civile.

On peut définir l'action civile *l'action qui appartient à toute personne lésée par un fait punissable suivant la loi pénale, afin d'obtenir la réparation du préjudice causé par ce fait à ses intérêts privés.* Nous avons à considérer les parties lésées dans leurs rapports avec l'action civile elle-même; il nous faut donc examiner tout d'abord quelles conditions leur sont imposées pour qu'elles puissent l'exercer.

L'action civile ne peut naître que *d'un fait puni par la loi, d'un fait ayant occasionné un préjudice personnel à celui qui s'en plaint* (art. 1er et 63 Cod. Inst. crim.).

§ I. L'action civile ne peut avoir pour fondement qu'un fait puni par la loi pénale.

Nous l'avons établi plus haut, l'action civile a pour but de satisfaire à l'un des intérêts lésés par tout fait punissable, à l'intérêt privé; elle complète la réparation que la société est en droit d'exiger du coupable. Sans doute, c'est un principe général de notre législation, un principe de justice, que tout fait de l'homme qui a causé un dommage oblige son auteur à le réparer (art. 1382 C. N.); mais si ce fait est purement privé, exempt des incriminations de la loi pénale, l'action qu'il produit n'est soumise qu'aux règles du droit civil. Pour qu'une personne lésée soit recevable à joindre son action à celle du ministère public, il faut que cette action ait la même base que l'action publique, c'est-à-dire un crime, un délit ou une contravention; et pour éviter toutes les confusions que cette expression générique d'action civile a souvent fait naître, il faut ajouter que cette action doit poursuivre une indemnité pécuniaire. Cette indemnité est la seule forme de réparation du dommage matériel ou moral souffert par la victime du délit, qui soit admise par nos lois (1). Il arrivera souvent qu'un crime ou un délit constitue une violation directe d'une disposition du droit civil, violation qui, en raison de sa gravité, est atteinte par le Code pénal; il faudra évidemment donner satisfaction à la loi civile, redresser la déviation causée au droit qu'elle établit, et pour cela il y aura une action; ce sera une *action civile*, car elle sera soumise aux règles seules du droit civil; ce ne sera pas *l'action civile* dans le sens où la prend la législation criminelle, car elle n'a pas pour but de réparer le dommage causé aux biens ou à l'honneur de la personne, et elle ne poursuit pas une indemnité pécuniaire. Pour citer quelques exemples, la demande en séparation de corps fondée sur l'adultère naît d'un délit; mais elle a pour but principal de satisfaire aux dispositions protectrices de la dignité du mariage édictées par le Code Napoléon. Le crime de bigamie donne naissance à une action en nullité du second mariage; les crimes commis contre l'état des personnes soulèvent des questions d'état, font naître des actions en rectification des actes de l'état civil; ces diverses actions sont soumises aux règles du seul droit civil, puisqu'elles n'ont pour but que d'assurer l'observation des prescriptions de ce droit. La première action à laquelle donne lieu un vol est une revendication; c'est encore une action de droit civil, puisqu'il

(1) Le juge ne peut, même en cas de délit d'injure, ordonner ce qu'on appelle une réparation d'honneur, à moins que la loi ne l'y autorise formellement. (Comp. art. 226 et 227 C. pénal.)

s'agit de faire reconnaître le droit de propriété de la personne volée. Mais, je le répète, en aucun de ces cas il n'est question de l'action civile dont traite la loi criminelle et dont j'ai à m'occuper ici; cette action est fondée sur le même principe que l'art. 1382 du code Napoléon; elle n'a trait qu'aux dommages causés par un fait de l'homme ne constituant pas un manquement aux règles du droit civil, mais contraire aux principes de l'équité naturelle. C'est la seule qui puisse être la compagne, le soutien et le complément de l'action publique.

Pour que son action soit recevable, il ne suffit pas que le fait dont se plaint la partie civile lui ait porté préjudice et qu'il soit connexe à un délit; il faut qu'en lui-même le fait soit passible d'une peine. Un exemple fera mieux connaître ma pensée; je le prends dans l'une des espèces les plus remarquables de la jurisprudence : un individu était poursuivi devant le tribunal de police pour avoir exposé des denrées en vente dans un autre lieu que le marché public; les adjudicataires des droits de place intervinrent et prétendirent joindre à l'action publique leur action civile en réparation du dommage qu'ils soutenaient avoir éprouvé par la privation des droits qui leur étaient dus; « dans l'espèce, répondit la Cour de cassation (30 juillet 1829), le fait de n'avoir point payé les droits de place n'était réprimé par aucune loi pénale et ne donnait point ouverture à l'action publique; à la vérité, ce fait concourait avec celui de la contravention résultant contre le contrevenant d'avoir vendu ailleurs que sur le marché; mais il n'en était pas moins un fait distinct de la contravention même; il ne constituait qu'une infraction aux actes passés par le maire, en sa qualité d'administrateur des biens communaux; le tribunal de police était donc incompétent pour l'apprécier sous le rapport des réparations civiles auxquelles il pouvait donner lieu. »

Il faut encore que le dommage éprouvé soit la conséquence et le résultat direct du délit; il ne suffit pas qu'il ait été souffert à l'occasion de ce délit. Ainsi, un individu est arrêté par erreur et mis en jugement comme accusé d'un crime; acquitté par la Cour d'assises, il se porte partie civile à raison du dommage que son arrestation lui a fait subir, dans une accusation subséquente dirigée contre le véritable auteur du crime. Il me paraît évident, quant à moi, que cette intervention n'est pas recevable; car le dommage résultant de poursuites mal à propos dirigées contre un individu innocent du crime qu'on lui impute n'est point une conséquence du crime, ne résulte point du fait de l'auteur de ce crime. Le dommage est la conséquence d'une erreur de la justice, d'un fait postérieur à la perpétration du méfait, d'un fait entièrement indépendant de la volonté du vrai coupable.

§ II. L'action civile n'est ouverte qu'à propos d'un dommage personnel a celui qui se plaint.

Que le droit de rendre plainte n'appartienne qu'aux personnes lésées, nul ne peut le contester sans méconnaître le fondement même de l'action civile. « Tout citoyen, dit Legraverend (*Législ. crim.*, t. I, p. 195), peut se porter dénonciateur d'un attentat à l'ordre social; mais le droit d'en rendre plainte n'appartient qu'à la partie dont cet attentat blesse les intérêts privés. C'est là ce qui distingue surtout la plainte de la dénonciation. » La plainte et la constitution de partie civile ne tendent qu'à obtenir des dommages-intérêts; le titre auquel le plaignant intervient dans le procès, c'est la réparation du préjudice qu'il a souffert. Qu'une personne vienne comme citoyen provoquer la répression d'une atteinte à l'ordre social, en la révélant aux autorités publiques, c'est son droit et son devoir; mais nous ne pouvons, sans ressusciter les accusations populaires, lui accorder le droit de se plaindre personnellement d'un fait coupable qui n'a pas touché ses intérêts particuliers; le ministère public est là pour prendre en main la défense de la société, et les particuliers ne peuvent participer à la poursuite que lorsque, ayant souffert dans leurs intérêts privés, leur demande a un objet appréciable. « La présence du plaignant étant une aggravation de la position de l'accusé, ne peut se justifier que par la nature du fait et la complexité de ses effets ; s'il a blessé deux intérêts, l'intérêt public et l'intérêt privé, il est naturel que l'accusé trouve deux adversaires ; mais s'il n'en a froissé qu'un seul, comment expliquer sa lutte avec deux parties ? La lésion de l'intérêt privé peut seule motiver la présence de la partie civile[1]. »

Ce principe, qu'aux personnes lésées seules appartient le droit de plainte, fondé sur la raison, est appuyé sur l'histoire. Dans le droit romain, la partie lésée était la seule admise à poursuivre les délits privés (loi 17, § 15, Dig. *De injuriis*; loi 10, *De furtis*). En matière de crimes publics, le droit d'accusation appartenait aux personnes dont ces crimes avaient blessé les intérêts, alors même que, sans cette circonstance, ces personnes auraient été incapables ou indignes d'exercer le droit dont il s'agit : les femmes, les pupilles, les faux témoins, tous ceux que l'infamie rejetait de l'accusation reprenaient la capacité de l'exercer aussitôt que leur intérêt se trouvait engagé dans la poursuite.

Chez nous, à l'époque mérovingienne, quand le principe de la pénalité était la vengeance privée, quand les compositions avaient pour but principal le dédommagement de la personne lésée, il est clair que la lésion était la base nécessaire de toute poursuite. Quand, avec la civilisation, une conception plus exacte des principes de la répression des délits pénètre dans les esprits, quand des tribunaux réguliers s'organisent,

(1) Faustin Hélie, t. II, p. 318.

les juges ne reçoivent les plaintes que quand elles touchent les intérêts des parties qui les forment ; avec les développements de la jurisprudence ce point de droit est complétement mis en lumière. L'ordonnance du 30 août 1536 qualifiait les parties poursuivantes de *parties civiles et intéressées* (chap. ɪɪ, art. 1ᵉʳ) ; et nous lisons dans l'un de nos anciens criminalistes ces paroles, qu'on croirait écrites d'aujourd'hui : « Pour pouvoir accuser parmi nous, il faut nécessairement deux choses : d'une part, avoir un intérêt particulier à l'accusation, et de l'autre, avoir les qualités requises par la loi à cet effet. Quant à l'intérêt, il doit être direct, comme lorsqu'on poursuit l'injure qu'on a soufferte dans sa personne, dans son honneur ou dans ses biens… C'est une maxime que, comme il peut se rencontrer deux sortes d'intérêts dans une accusation, l'intérêt public et l'intérêt privé, par le défaut de l'un ou de l'autre de ces intérêts, le droit d'accuser cesse absolument parmi nous ; ainsi les parties privées ne sont point reçues à accuser si elles n'ont souffert aucun préjudice, soit dans leur personne, soit dans celle de leurs proches (1). »

Ce sont ces principes qui sont déposés avec la formule la plus précise dans les articles 1ᵉʳ et 63 du Code d'instruction. Mais quels doivent être le caractère et les éléments du préjudice personnel ? Il est évident qu'il ne peut suffire, pour justifier l'intervention d'une

(1) Muyart de Vouglans, *Lois crim.*, p. 588 et 589.

partie civile, que la personne ait été blessée dans ses goûts, ses habitudes ou ses affections par un fait criminel; la réparation de cette lésion se trouve dans la peine que la loi inflige au coupable et que le ministère public peut seul requérir. Pour faire naître l'action civile, il faut un préjudice sérieux et appréciable, un dommage éprouvé par le plaignant dans sa personne, son honneur ou ses biens; c'est assez dire qu'une lésion purement morale peut aussi bien lui servir de fondement qu'un préjudice matériel. Nous avons à sauvegarder notre réputation un intérêt au moins aussi puissant qu'à défendre notre fortune.

La personne n'est-elle pas atteinte lorsque sa famille est blessée? Sous la loi romaine et dans notre ancien droit, un homme était recevable à exercer l'action civile à raison du dommage causé par un crime ou un délit à quelqu'un de ses proches ou à un individu placé sous sa tutelle ou sa protection. Il n'en est plus de même aujourd'hui; sans doute, l'action serait recevable à l'égard des délits commis au préjudice des personnes soumises à notre puissance; mais c'est que nous n'exercerions pas notre action propre; nous agirions uniquement au nom et comme exerçant les actions de la partie civile. Le père, le mari, le tuteur agissant pour l'enfant mineur, la femme ou le pupille n'exercent point leur droit personnel, ils ne font que représenter en justice la personne lésée. Mais quant aux délits qui ont causé préjudice à nos proches, il ne nous appartient pas d'en poursuivre la réparation, s'ils ne portent aucune atteinte à notre personne ou à notre fortune. C'est ainsi que l'art. 727 du Code Napoléon impose simplement à l'héritier l'obligation de dénoncer à la justice le meurtre de son auteur ; il n'est pas tenu d'en poursuivre la punition en s'en portant partie civile.

« Pour être admis à rendre plainte, dit Merlin (*Questions de droit*, v° *Question d'état*, § 1er), il faut avoir un *intérêt direct* et un *droit formé* de constater le délit lorsqu'il existe, et d'en poursuivre la réparation civile contre le délinquant..... Pour se constituer l'accusateur d'un crime, non-seulement ce n'est pas assez de le connaître, il ne sert même de rien d'avoir à la punition un intérêt éloigné et indirect. »

Il faut, disons-nous, non-seulement un *intérêt direct*, mais encore un *droit formé*, un *droit actuel* à la réparation du délit. « Cela se sent assez de soi-même, ajoute Merlin ; il ne suffit pas que le délit puisse un jour vous préjudicier pour que la justice reçoive votre plainte ; il faut qu'il vous porte dès ce moment même un préjudice réel ; il faut que dès aujourd'hui vous en ressentiez les funestes effets ; il faut, en un mot, que dans l'instant précis où vous en parlez, votre fortune, votre honneur, votre vie en aient éprouvé les atteintes. Sans cela de quoi vous plaindriez-vous si ce n'est d'une vaine terreur ? mais la justice n'est point faite pour s'occuper de vos craintes peut-être puériles, ni pour suivre l'impulsion de votre inquiète prévoyance : en un mot, ce ne sont pas des visions, mais des choses qu'il lui faut. »

Il ne suffit donc pas d'alléguer une lésion, il faut en

préciser la nature et la gravité pour que le droit soit ouvert. Avant d'examiner si la demande est fondée, les juges doivent rechercher si l'intervention de la partie civile est recevable, si la lésion qu'elle invoque est de telle nature et de telle étendue que la réparation soit légitime et l'intérêt suffisant. Plus tard, la partie civile aura à justifier sa prétention ; il s'agit maintenant d'établir que la prétention repose sur des faits susceptibles de donner naissance au droit. C'est pour cela que le plaignant qui veut se constituer partie civile doit, *in limine litis*, faire l'indication précise du dommage qu'il a éprouvé. Il ne peut suffire de l'allégation la plus vaine pour motiver l'intervention d'une partie civile dans un procès criminel, pour donner au prévenu un adversaire de plus, un adversaire qui, lorsque sa mission de haine et de vengeance sera accomplie, sera peut-être déclaré incapable d'exercer son action. Le juge doit donc procéder à un double examen : au seuil de la procédure, il doit examiner si la partie est recevable dans son intervention ; à l'issue des débats, voir si le préjudice qu'elle prétend avoir souffert lui donne réellement droit à des dommages-intérêts. (Cassat. 19 juillet 1832.)

Que décider si l'intérêt de la partie civile n'existait pas et que cependant elle eût été admise à se constituer ? Cette intervention irrégulière entacherait-elle le jugement de nullité ? La Cour de cassation a décidé la négative (4 mars 1830), sur le motif que l'action du ministère public pour la poursuite des crimes et l'ac-

tion civile étant indépendantes l'une de l'autre, le défaut
d'intérêt de la partie civile ne peut vicier la procédure
criminelle dans laquelle elle est intervenue. Cette raison me semble décisive et j'ai quelque peine, je
l'avoue, à comprendre les scrupules qui empêchent
M. Faustin Hélie (t. II, p. 325) d'adhérer à la doctrine
de la Cour suprême. L'action publique est indépendante, elle est exercée en dehors de la partie civile;
comment l'assistance accidentelle et irrégulière de
cette partie réagirait-elle sur l'action du ministère
public régulièrement exercée? M. Hélie exagère les
périls de l'accusé et les droits de la défense; les garanties fondamentales qui en assurent l'intégrité ne sont
pas confisquées, et si l'accusé est innocent, il saura faire
éclater la vérité malgré son nouvel adversaire. Ajoutez
qu'il n'est pas sans difficulté de savoir dans tous les cas
si l'intérêt du plaignant est suffisant pour justifier son
intervention dans l'instance; les juges peuvent se
tromper : la moindre erreur qu'ils commettront va donc
influer sur un arrêt irréprochable en ce qui concerne
l'application de la peine. Dans un procès criminel,
l'intérêt social, l'intérêt de la répression passe avant les
intérêts civils; comment donc l'accessoire pourrait-il
vicier le principal? Une semblable nullité est-elle écrite
en quelque endroit?

L'action civile doit avoir pour fondement un droit né
et par conséquent un intérêt appréciable au moment
où elle s'exerce. Il en résulte que la chambre syndicale
d'une corporation quelconque n'est pas recevable à se

constituer partie civile à raison des infractions commises par les membres de la corporation; en effet, cette chambre, représentant les intérêts généraux de la communauté, ne peut éprouver par suite des infractions reprochées aux contrevenants qu'un dommage si vague, si indéterminé qu'il serait impossible d'en apprécier l'étendue. (Cass. 29 août 1834.)

Il en résulte encore que des personnes exerçant une profession soumise à de certaines conditions d'aptitude et de capacité ne peuvent intenter l'action civile contre des tiers qui s'immiscent indûment dans l'exercice de cette profession. La question s'est agitée surtout à propos des médecins et pharmaciens, gardiens jaloux, mais non toujours désintéressés, du monopole que la loi leur a accordé dans un intérêt public; elle fut l'occasion d'un conflit entre les cours impériales et la Cour de cassation qui, dans un arrêt solennel du 15 juin 1833, se prononça en faveur des plaignants. La Cour suprême me semble avoir confondu l'intérêt général que les membres d'une corporation peuvent avoir à la répression d'un délit et l'intérêt spécial fondé sur une lésion personnelle dont tout plaignant doit justifier, et qui est le titre de son action.

Les pharmaciens sont parfaitement fondés à étouffer les concurrences illicites, les rivalités clandestines, en les dénonçant au ministère public (loi du 21 germinal an XI) ; mais là expire leur droit : si la loi a établi des conditions d'aptitude pour l'exercice de cette profession, ce n'est pas dans l'intérêt des pharmaciens, mais dans celui de la santé publique. Cela est si vrai que leur nombre est illimité et qu'une officine peut être ouverte par quiconque remplit les conditions légales; il n'y a pas pour les pharmaciens établis de privilége exclusif. Qu'une concurrence illicite se présente, leur droit est de la poursuivre; ils prétendent se porter parties civiles, alors qu'ils prouvent leur intérêt direct et leur lésion personnelle; mais cette lésion résulte-t-elle nécessairement de tout débit illégal de médicaments? Rien ne prouve que les personnes qui ont acheté les remèdes prohibés en auraient acheté d'autres, et en eussent-elles acheté, il n'est pas certain qu'elles les auraient pris chez les plaignants. La perte qu'ils prétendent avoir subie est donc bien hypothétique et il est impossible d'évaluer le bénéfice qu'ils ont manqué en n'effectuant pas des ventes imaginaires. Impossibilité d'apprécier le chiffre de la lésion, de trouver la lésion elle-même, absence d'intérêt actuel; voilà autant de raisons pour refuser en cette hypothèse l'action civile.

Pour donner ouverture à l'action civile, nous avons dit que la lésion doit être personnelle; c'est surtout dans l'application de cette règle que se rencontrent les principales difficultés de la matière; quelques développements nouveaux paraissent nécessaires.

Que les délits commis au préjudice de nos proches ne donnent pas naissance en notre personne à l'action civile, c'est un point incontestable. Mais il peut arriver

que la lésion passant, pour ainsi dire, à travers des personnes auxquelles des liens étroits nous unissent,
vienne nous atteindre directement; le père peut se
trouver personnellement lésé du délit commis contre
son fils, le mari du délit dont sa femme a été victime,
le maître des violences dirigées contre son domestique.
*Sicut vel per se, vel per alios quis inferre, itâ quoque vel per
se, vel per alios pati injuriam potest* (1). Un père de famille est tué; sa femme, ses enfants, n'éprouvent-ils
pas un dommage personnel et n'ont-ils pas à la réparation civile un intérêt direct? Un enfant, porteur d'une
somme d'argent, est volé; n'est-ce pas le père qui est
lésé? L'outrage fait à la femme est une injure pour le
mari; l'escroquerie dont elle est la victime porte préjudice à la communauté, et par conséquent au mari.
Dans ces différents cas, le père, le mari, la famille ont
un intérêt personnel à l'action et leur intervention au
procès, comme parties civiles, est parfaitement recevable. Le maître aurait un intérêt semblable et, par
conséquent, une action, si les injures ou les voies de
fait adressées à son domestique avaient eu pour but
de l'outrager lui-même. L'action du maître et celle du
domestique pourraient s'exercer simultanément, et la
transaction qui éteindrait l'une ne nuirait point à l'autre.

De même enfin, le délit commis contre un des membres d'un ordre, d'une compagnie, d'un corps quelconque, peut atteindre le corps tout entier, et l'action ci-

____

(1) Voët, liv. **XLVII**, tit. **X**, 6,

vile serait valablement exercée par son représentant.
La loi du 26 mai 1819 (art. 4), celle du 25 mars 1822
(art. 15 et 16) appliquent cette règle au cas d'outrage
ou d'injure.

Dans toutes ces hypothèses, il ne s'agit pas, on le
voit, d'invoquer à l'égard des parents l'intérêt d'affection, à l'égard des autres personnes l'intérêt commun
de la maison, quand ces tiers existent et peuvent se
plaindre eux-mêmes ; il n'est pas question d'un intérêt
indirect qui serait une cause insuffisante d'action ; il
s'agit de poursuivre la réparation d'un préjudice personnel, de satisfaire à un intérêt immédiat et direct.

Un point plus difficile, c'est de savoir si la personne
lésée par le délit étant décédée, ses héritiers peuvent se
porter parties civiles. Nous distinguerons trois hypothèses :

1º *Le délit a été la cause même de la mort;* alors,
pas de doute, la famille qui a perdu un de ses membres, a éprouvé un préjudice matériel, peut-être
un préjudice moral ; mais « ce serait méconnaître la
morale du droit, disait devant la Cour de cassation
M. le procureur général Dupin (1), que de mettre l'argent à la place des affections, à la place de l'honneur.
Celui qui agit en pareille matière, selon la belle expression de la loi romaine, plaide la cause de la douleur,
causam agit doloris. » Le préjudice matériel, la douleur
morale, suites immédiates et directes du crime, constituent la lésion qui donne naissance à l'action civile.

(1) Sur l'arrêt solennel du 15 juin 1853.

Notre ancienne jurisprudence attribuait le droit de se porter parties civiles : 1° soit à la veuve non remariée, soit au mari, quoiqu'ils ne fussent pas héritiers ; 2° aux enfants légitimes et à leur défaut, aux enfants naturels ; car ils intervenaient *non jure successionis, sed jure sanguinis ;* 3° aux petits-enfants à défaut d'enfants ; 4° aux ascendants ; 5° aux frères et sœurs. Les parents plus éloignés ne pouvaient agir, à moins qu'ils ne fussent héritiers. Je n'appliquerai plus ces décisions ; pour se porter partie civile, il faut, dans notre droit, avoir plus qu'un simple intérêt d'affection ; il faut avoir un intérêt direct engagé dans la question, avoir éprouvé un préjudice matériel ou moral. D'où il suit que si les parents dont je viens de parler n'invoquent, pour intervenir au procès criminel, d'autre titre que les liens du sang qui les attachaient au défunt, leur action, quel que soit le degré de parenté, n'est pas recevable ; que si, au contraire, le crime leur a fait éprouver un préjudice appréciable, ils doivent être admis à se porter parties civiles, non pas successivement et à l'exclusion l'un de l'autre, mais simultanément et dans la mesure de leur intérêt, si éloigné que soit leur degré de parenté (1).

(1) Dans la loi romaine, le juge avait le droit de choisir entre plusieurs accusateurs celui qui présentait le plus de garanties à l'accusation (loi 16, Dig., *De accusat.*) ; en général, on préférait celui qui avait le plus grand intérêt, ou qui était lié au défunt par les liens les plus étroits de parenté (loi 5, § 5, Dig., *de his qui effuderint*). Dans notre droit, l'action privée naît du préjudice causé ; quiconque a souffert un préjudice peut se constituer partie civile.

2° *Un délit quelconque a été commis au préjudice d'une personne qui depuis est décédée.* — Il est généralement admis que si, avant sa mort, cette personne avait porté plainte, ses héritiers sont fondés à suivre sur cette plainte; car ils recueillent avec sa succession le droit à une réparation que la plainte a fait naître.

Mais que décider, si la partie lésée est décédée sans avoir porté plainte? Dans le droit romain et dans notre ancienne jurisprudence, l'action civile, en pareil cas, n'appartenait aux héritiers du défunt que lorsqu'il résultait du délit un dommage matériel, et non lorsque ce délit consistait seulement en une injure à la personne et n'avait causé qu'une lésion morale. « La raison, dit Jousse (*Justic. crimin.*, t. III, p. 633), la raison pour laquelle l'action d'injures ne passe point à l'héritier de l'injurié, c'est que, dans cette espèce d'action, il s'agit moins de réparer un dommage que de venger un affront, et que celui qui est mort sans se plaindre est censé, par son silence, avoir remis l'offense qui lui a été faite. » Dans notre législation, tous les délits donnent lieu à des dommages-intérêts, qu'ils soient dirigés contre la personne ou contre les propriétés; l'action par laquelle ces dommages-intérêts sont réclamés fait donc partie de la succession du défunt, si celui-ci n'a fait aucun acte qui puisse faire supposer sa renonciation; elle peut donc être exercée par ses héritiers. Il y a lieu toutefois, ce semble, de faire exception

(1) Loi 13, Dig., *De injuriis;* loi 1, § 1, *De privat. delictis.*

à cette règle pour les délits d'injures, de diffamation, d'offenses écrites ou verbales qui ne peuvent être poursuivis que sur la plainte de la partie lésée, et que celle-ci est raisonnablement présumée avoir pardonnés, quand elle n'a pas porté plainte; dans ces sortes d'affaires, il s'agit plutôt de venger l'honneur de la personne offensée que de réclamer des dommages-intérêts, *ut vindicetur, non ut damnum sarciatur.*

3° *Le délit consistant en quelque attaque contre la personne, n'a été commis qu'après sa mort.* — Tel est l'outrage fait à sa mémoire; la question revient à savoir si la diffamation envers les morts, à la supposer prévue par la loi pénale, donne lieu à l'action civile. Ce point est certainement l'un des plus délicats de notre matière; tant qu'il ne sera pas législativement tranché, il donnera lieu à bien des controverses passionnées. Dans ces temps de troubles politiques, de secousses sociales, les haines, les vengeances, les rivalités se dressent contre tous les hommes qui ont joué un rôle public, pour les poursuivre, jusque dans le tombeau, de leurs clameurs et de leurs outrages; pour réprimer ces violences odieuses qui s'adressent à un cadavre, pour faire observer le respect dû à la mort, une loi sage devrait sans doute ajouter une arme nouvelle à l'arsenal encore incomplet de nos Codes (1); la morale, l'ordre public n'auraient rien à perdre au silence qui doit se faire au-

(1) Comme la loi Cornelia *De injuriis,* qui fut portée sous Sylla, *ad refrœnandam licentiam quœ per bella civilia invaluerat.*

tour d'un cercueil, en attendant que l'histoire, juge impartial et serein des actions humaines, soit venue prononcer son arrêt ; mais l'histoire existe-t-elle pour celui qui vient à peine de fermer les yeux? Existât-elle, nous ne devrions pas oublier que, comme l'a dit Voltaire, un historien n'est pas un pamphlétaire et que l'histoire n'est pas une satire.

Nous n'avons pas à raisonner sur ce qui devrait être, mais sur ce qui est ; dans l'état actuel de notre législation, je suis persuadé, quant à moi, que nous sommes désarmés devant les attaques qui viennent trop souvent jeter le trouble dans les familles et insulter à la décence publique. Il ne s'agit pas de nous livrer à une argumentation sentimentale, mais d'asseoir des raisonnements juridiques. Voyons donc quelle pourrait être la base légale d'une action dirigée contre l'auteur d'une diffamation de ce genre.

Il est bien évident que, lorsque le délit n'a été commis qu'après la mort de la personne contre laquelle il est dirigé, l'action civile n'étant pas née à l'époque de l'ouverture de la succession, le défunt ne l'a point transmise et ses héritiers n'en ont pas été saisis. La difficulté qui se présente est donc de savoir si les représentants du défunt peuvent, en leur nom, intenter une action pour la réparation du délit qui atteint leur auteur.

Le droit romain avait tranché la question en faveur du droit des héritiers. Dans la loi 1, § 4, Dig., *De injuriis,* Ulpien nous dit en effet : *Et si forté cadaveri defuncti fit injuria, cui hæredes bonorumve successores exsistimus, in-*

juriarum nostro nomine habemus actionem; spectat enim ad existimationem nostram, si qua ei fit injuria. Idemque si fama ejus cui hæredes exsistimus, lacessatur. L'héritier a donc une action personnelle pour venger l'injure du défunt; mais, remarquons-le bien, le motif de cette action, c'est que l'injure touche à la propre considération de l'héritier, ce n'est point parce que le délit a lésé le défunt. S'appuyant sur ces précédents, les légistes du xvie siècle avaient créé une véritable présomption de droit en substituant, dans tous les cas, la personne de l'héritier à celle du défunt : *Injuria facta cadaveri non censetur facta defuncto, quia postquam quis mortuus est, non potest plùs aliquo modo offendi, sed benè dicitur facta hæredibus qui propterea proprio nomine habent injuriarum actionem* (1).

Une semblable fiction n'est plus admissible; l'héritier représente son auteur en ce qui concerne les charges et les bénéfices de la succession; il ne le représente nullement en ce qui concerne la réparation de ses injures personnelles. La loi n'accorde le droit de plainte qu'à celui qui se prétend lésé. Les héritiers se prétendent-ils atteints par l'injure adressée au défunt? qu'ils prouvent la lésion et qu'ils se plaignent; en ce point, nous suivrons la théorie romaine et nous recevrons leur action. Et en effet, nous l'avons établi, l'injure dirigée contre une personne peut en atteindre d'autres et faire naître, en faveur de celles-ci, l'action civile. Une imputation calomnieuse dirigée contre la mémoire d'un

(1) *Prax. crim.*, quæst. 107, n° 368.

homme peut frapper ses enfants dans leur considération et dans leur fortune; la souillure jetée sur un nom honorable peut rejaillir sur ceux qui le portent. Celui qui, dans ce cas, porte plainte, en défendant la cause du défunt, défend la sienne propre; il revendique l'un des éléments de sa considération personnelle; il allègue un dommage qu'il a lui-même éprouvé. La lésion est vraiment personnelle et nous trouvons ici l'un des éléments de l'action civile (1). Il pourra même arriver que l'imputation, en apparence dirigée contre le défunt, soit, dans l'intention de son auteur, dirigée contre ses héritiers. Les tribunaux ont, dans toutes les questions de cette nature, un pouvoir d'appréciation souverain, et quelque difficiles que soient les éléments de cette appréciation, ils sauront réprimer les abus d'un langage qui, sous le prétexte de juger les morts, n'a d'autre but que de diffamer les vivants (2).

Mais supposons que l'outrage ne soit pas de nature à rejaillir sur les héritiers, que leur considération ne soit pas atteinte. Le défunt est seul en cause: c'est sa vie publique qui est attaquée et ce sont ses fautes politiques qui lui sont reprochées; même on a soulevé le voile de sa vie privée, on a recherché complaisamment ses faiblesses ou ses lâchetés, sans que cependant ces fautes et ces faiblesses soient de nature à salir le nom de ceux qui sont restés après lui. Qui se trouve

(1) C. Paris, 11 juillet 1836, aff. de Tourzel.
(2) Tribunal de la Seine, 19 avril 1826, aff. La Chalotais.—C. Paris, 14 août 1839, aff. Casimir Périer.

blessé et qui peut se plaindre? L'injure est personnelle
et la personne à qui elle est adressée a disparu. Je ne
veux pas entrer dans le détail des raisons qu'on a fait
valoir pour appeler sur l'auteur de l'outrage la sévérité
des tribunaux : Oui, sans doute, le défunt a été lésé
dans le seul bien qui survive à l'homme, l'estime qui
s'attache à son nom, le respect qui entoure son souvenir; je n'ajouterai pas la gloire qu'il a rêvée comme
prix de ses travaux; la gloire est la couronne décernée
aux grandes actions, et les actions peuvent se discuter.
Mais on a jeté sur la cendre de l'homme la boue que les
folliculaires soudoyés et les envieux humiliés trouvent
toujours au fond des ruisseaux. — En vérité, je ne comprends pas que dans nos idées chrétiennes, les infamies
proférées par une bouche impure puissent atteindre
l'âme retournée au Créateur, qu'une calomnie fasse
tressaillir dans sa tombe celui dont le Juge suprême a
prononcé l'arrêt et que les passions terrestres ne touchent plus. Le défunt seul est en cause, avons-nous
dit; le temps n'est plus rien aux morts; ne peuvent-ils
attendre le moment où l'histoire viendra les juger?
Encore une fois où est la personne lésée, où est son
intérêt? La loi exige, pour donner l'action civile, une
triple condition: un dommage appréciable, une personne offensée, une plainte de cette personne. Cette
condition, je ne la trouve remplie en aucune de ses
parties.

On invoque la loi du 17 mai 1819; mais on n'a pas
encore prouvé que cette loi ait modifié pour notre hy-

pothèse l'un quelconque des éléments de l'action civile;
on n'a pas prouvé qu'elle ait substitué les héritiers à la
personne offensée, alors que l'offense ne s'est produite
qu'après la mort de la personne qu'elle atteint. Même
l'action publique est désarmée; car en matière de diffamation, elle est subordonnée à la plainte de la partie
lésée, elle est comme le corollaire de l'action civile. Il
n'y a pas de personne lésée, il n'y a pas de plainte, il
ne peut donc pas y avoir de poursuite criminelle. Les
dispositions pénales sont de droit étroit; elles ne se prê-
tent pas aux interprétations élastiques que les jurisconsultes se permettent en toute autre matière, et tant
que la loi n'aura pas créé le délit, tant qu'elle n'aura
pas apporté une dérogation formelle aux principes, je
me refuserai à admettre cette substitution des héritiers
au défunt en ce qui concerne la réparation de ses injures personnelles; je me refuserai à admettre que l'article 13 de la loi de 1819 ait entendu, à côté de la *personne*, à côté de l'être agissant et pensant, placer une
pure abstraction, je veux dire le nom et la réputation
des morts (1).

§ III. De la capacité des parties civiles.

Pour résumer toute la discussion qui précède, nous
poserons en principe que nul ne peut être admis à se

(1) C. Paris, 19 mars 1860, aff. Dupanloup.—Cet arrêt a été cassé
dans l'intérêt de la loi, le 24 mai 1860.

porter partie civile : 1° s'il n'a pas été personnellement lésé par un crime, un délit ou une contravention; 2° si la lésion qu'il a éprouvée ne lui confère pas un intérêt direct et un droit actuel à une réparation. Telle est la base de son action, la condition nécessaire de son existence.

Mais, à côté de cette condition légale, il ne faut pas oublier de mentionner la capacité personnelle dont la partie doit en même temps justifier. L'action civile, en effet, quelle que soit la juridiction devant laquelle elle est portée, conserve sa nature intrinsèque; elle est donc soumise, comme toute autre action civile, aux règles générales du droit; il faut que la partie qui la forme ait l'exercice de son droit et, par conséquent, la capacité d'ester en justice.

Ainsi, la femme mariée lésée par un délit, ne peut rendre plainte en se portant partie civile, qu'avec l'autorisation de son mari. En effet, la disposition générale de l'art. 215 du Code Nap. n'est restreinte que par la seule exception portée dans l'art. 216, pour le cas où la femme est *poursuivie* en matière criminelle et de police. La partie civile assume une grave responsabilité, celle des frais et des dommages-intérêts du prévenu; elle s'oblige en se constituant; donc l'autorisation du mari est nécessaire. Ces principes étaient déjà ceux de notre ancienne jurisprudence en son dernier état (V. Jousse, t. III, p. 45); cependant la plupart des coutumes décidaient la négative. (V. Pothier, *Proc. civ. et crim.*, t. II, p. 168.)

Les mineurs sont représentés par le père ou par le tuteur dans toutes les actions civiles; ils ne pourraient donc pas se constituer parties civiles. Mais l'émancipation leur en communique la capacité, puisqu'elle leur permet d'intenter seuls toutes actions mobilières. Il n'en était pas de même dans l'ancien droit; les mineurs pouvaient, sans aucune assistance, intenter une action criminelle; mais dans la pratique, pour éviter toute difficulté, on faisait intervenir le consentement du père.

Les interdits sont assimilés aux mineurs et, par conséquent, frappés de la même incapacité. Ils peuvent dénoncer à la justice les délits qui les ont lésés, ils peuvent se plaindre, ils ne peuvent pas se constituer parties civiles.

Quant aux étrangers, l'action civile leur est ouverte, mais subordonnée à la caution *judicatum solvi*. L'art. 16 du Code Nap. embrasse toutes les matières et, en exceptant de ses dispositions générales les matières de commerce, ne fait que confirmer la règle à l'égard de toutes les autres. Cet article érige en loi la jurisprudence des anciens parlements attestée par tous les auteurs qui, pour la caution *judicatum solvi*, ne faisait aucune distinction entre les affaires civiles et les criminelles, lorsqu'elles étaient poursuivies par les parties civiles. Cette jurisprudence forçait l'étranger demandant à fournir caution, même lorsque le défendeur était lui-même étranger (Parlement de Paris, 10 fév. 1742; Serpillon, *Code crim.*, t. I, p. 393); il faudrait, selon moi, admettre la même chose aujourd'hui. L'art. 16 du Code Nap. et l'art. 166 du Code de proc. ne paraissent pas contenir une doctrine moins libérale que celle des parlements.

« Les créanciers d'une personne peuvent, dit l'art. 1166 Cod. Nap., exercer tous les droits et actions de leur débiteur, à l'exception de ceux qui sont exclusivement attachés à la personne. Ils peuvent exercer l'action civile résultant d'un délit qui a porté préjudice à leur débiteur, à moins que ce délit n'attaque exclusivement sa personne; il serait bizarre de voir les créanciers d'un homme, plus soucieux que lui de son honneur et de sa dignité, poursuivre les injures qui lui sont adressées. Ce cas excepté, comme l'action civile a pour objet une réparation pécuniaire, ils peuvent l'exercer en son nom, aussitôt qu'elle est née par la plainte; car cette action est devenue une portion de son patrimoine. Bien mieux, ils peuvent porter plainte en son lieu et place, si le patrimoine qui est leur gage a été diminué par un délit quelconque.

Du moment qu'on admet que les créanciers d'une personne peuvent exercer pour elle l'action qu'elle néglige d'intenter, il n'y a pas de bonne raison pour leur refuser l'action révocatoire de l'article 1167, si leur débiteur a traité en fraude de leurs droits sur l'action civile qui lui compète, par exemple s'il a transigé frauduleusement ou s'est désisté de mauvaise foi de cette action.

Si l'acte par lequel le débiteur préjudicie aux droits de ses créanciers constitue un crime ou un délit, il n'est pas rare de les voir exercer l'action civile en leur nom personnel. C'est une application des principes généraux que nous trouvons dans les lois spéciales : aux termes de l'art. 584 du Code de commerce, les cas de banqueroute simple peuvent être poursuivis par les syndics, par *tout* créancier ou par le ministère public. Ainsi, en matière de banqueroute simple, un créancier a le droit de se séparer de la masse, de se constituer partie plaignante et civile et de poursuivre *personnelle-ment* le failli. Avant la loi du 28 mai 1838, on avait prétendu qu'il n'en pouvait pas être de même en cas de banqueroute frauduleuse (Cass. 24 novembre 1820); l'article 592 de la loi nouvelle a tranché la question : la banqueroute frauduleuse est assimilée à la banqueroute simple, quant au droit des créanciers de se constituer parties civiles. Mais entendons-nous bien : l'effet de l'action civile ne peut être de conférer aux tribunaux la faculté d'attribuer aux créanciers d'autres et de plus forts droits que ceux des autres créanciers; ce serait violer le principe de l'égalité qui doit régner entre eux et enlever au failli le bénéfice de la libération au moyen des dividendes que la masse de ses biens doit procurer; l'action de la partie civile prend sa source dans la faillite et doit en suivre la loi (*Conf.* Cass. 7 nov. 1840). Cela ne veut pas dire que les tribunaux ne doivent jamais accorder des dommages-intérêts aux créanciers poursuivants; ils le pourront certainement, à la condition d'en reporter l'exigibilité à l'époque où la masse aura été désintéressée, où la loi de l'égalité ne risquera plus d'être violée.

On a voulu nier ce résultat en s'appuyant sur l'article 601 du Code de com., d'après lequel les actions civiles doivent toujours rester séparées, et toutes les dispositions relatives aux biens, prescrites pour la faillite, être exécutées sans qu'elles puissent être évoquées aux tribunaux correctionnels ou criminels. Mais conçoit-on que le législateur ait voulu paralyser complétement la faculté, par lui reconnue aux créanciers dans les art. 581 et 592, de se porter parties civiles, ce qui arriverait si les cours d'assises et les tribunaux correctionnels ne pouvaient statuer sur les demandes portées devant eux? L'art. 601 veut tout simplement dire que l'instruction faite au criminel sur le crime ou le délit de banqueroute imputé au failli, ne suspend pas les opérations de la faillite, lesquelles ont lieu devant le tribunal de commerce, comme s'il n'y avait pas eu d'accusation de banqueroute. Le législateur a entendu maintenir dans une complète indépendance la procédure commerciale de la faillite et l'action de la justice répressive.

CHAPITRE III.

Étendue de l'action civile.

SECTION I.

Contre quelles personnes l'action civile peut être dirigée.

Il ne suffit pas qu'un fait soit illicite pour donner lieu à l'action civile en réparation du dommage: il faut en outre qu'il soit imputable à l'agent, c'est-à-dire qu'il puisse être considéré comme le résultat d'une libre détermination de sa part. Il résulte de là que l'insensé et l'enfant encore privé de tout discernement sont dans l'impossibilité de commettre un délit et de répondre du dommage qu'ils causent, sauf, bien entendu, la responsabilité des personnes sous la garde desquelles ils se trouvent; c'est un point que nous retrouverons un peu plus loin. Mais le mineur en âge de discernement et l'individu pourvu d'un conseil judiciaire sont responsables des délits qu'ils commettent; capables de volonté, connaissant le bien et le mal de leurs actions, ils ont une intelligence assez libre pour que toutes les conditions de l'imputabilité civile ou même pénale se trouvent réunies en eux. Ce sont là des principes tellement clairs qu'il est inutile d'y insister plus longtemps. Il n'y a de difficulté qu'à savoir comment sera réglé l'exercice de l'action dirigée contre des personnes frappées d'incapacité par le droit civil.

Lorsqu'il s'agit d'exercer contre ces personnes l'action civile résultant d'un fait atteint par la loi pénale, faudra-t-il encore appliquer les règles salutaires qui les protégent dans toute action, soit en demandant, soit en défendant? Je ne vois pas ce qui pourrait autoriser, en notre matière, une dérogation quelconque aux principes; ainsi, en ce qui concerne le mineur, l'art. 450 est formel et comprend tous les cas dans sa formule générale; l'action civile ne serait donc valablement exercée contre un mineur que si le tuteur était mis en cause (1).

En ce qui concerne la femme mariée, la question est plus délicate. La difficulté vient de l'interprétation de l'art. 216 C. N., ainsi conçu : « L'autorisation du « mari n'est pas nécessaire lorsque la femme est pour- « suivie en matière criminelle ou de police. » On peut certainement tirer de ce texte la conséquence que si la partie civile agit devant les tribunaux civils, la femme a besoin d'être autorisée; en effet, elle n'est pas poursuivie en matière criminelle, mais bien en matière civile, et le tribunal saisi ne peut voir dans la cause des dommages-intérêts réclamés qu'un simple fait

(1) Cour d'assises du Haut-Rhin, 15 mars 1831; Aubry et Rau, I, § 109.— *Contrà*, Demolombe, VII, n° 801.

dommageable (art. 1382); il n'a pas à l'apprécier sous le rapport de la criminalité. Mais si la femme est poursuivie directement devant la juridiction de répression, soit par la partie civile seule (art. 145 et 182 Cod. Inst. crim.), soit par la partie civile accessoirement au ministère public, il semble que l'autorisation du mari n'est plus nécessaire; dans les deux cas, nous rentrons dans les termes de l'art. 216; la femme est vraiment poursuivie en matière criminelle; comme le disait Portalis, l'autorité du mari disparaît devant celle de la loi, et la nécessité de la défense naturelle dispense la femme de toute formalité (1).

L'action civile, avons-nous dit, naît avec l'action publique de la même infraction à la loi pénale. Celui contre qui l'action publique peut être dirigée à raison de sa participation au fait délictueux, est soumis aux poursuites de la partie civile pour la réparation du dommage causé par le délit auquel il a pris part. L'action civile peut donc être exercée, non-seulement contre l'auteur principal du délit, mais encore contre ses complices. Punis comme l'auteur lui-même, il est évident qu'on peut poursuivre contre eux la réparation du préjudice qu'ils ont contribué à faire naître; mais il est bien entendu que les tribunaux auront à arbitrer la mesure dans laquelle ils devront concourir à la réparation, d'après la part qu'ils ont prise au fait préju-

(1) Demolombe, iv, n° 143. — Conf. Aubry et Rau, iv, § 472.

diciable. Ils seront tenus solidairement des dommages-intérêts obtenus par la victime; ils sont, sans aucun doute, compris dans les termes généraux de l'article 55 du Code pénal. (Aj. art. 156 du *Tarif criminel*, décret du 18 juin 1811.)

Les règles générales du droit conduisent à autoriser l'exercice de l'action civile contre des personnes restées complétement étrangères au fait délictueux, je veux parler des héritiers et représentants du prévenu, et des personnes civilement responsables.

Aux termes de l'article 2 du Code d'Instruction criminelle, l'action publique s'éteint par le décès du prévenu; la poursuite est sans objet quand la peine n'a plus d'application. Quant à l'action civile, comme elle naît de l'obligation où est le délinquant de réparer le préjudice que son fait a causé, elle peut être exercée contre ses représentants, tenus de toutes les obligations de leur auteur. Nous avons vu que le droit romain n'admettait pas qu'une action pénale fût donnée contre les héritiers du délinquant, même pour la portion de la somme demandée qui représente l'indemnité; l'action était considérée comme entièrement pénale. On ne faisait d'exception à la règle que pour le cas où les héritiers avaient profité du délit (alors ils étaient tenus de tout ce dont ils s'étaient enrichis), et pour le cas où l'action ayant été exercée contre le délinquant, celui-ci mourait après la *litis contestatio*. Le droit canonique rejeta cette règle peu équitable et accorda l'action contre les héritiers, sans distinguer s'ils avaient ou non profité du délit (C. 14, X, *De sepult.*; C. 5, X, *De rapt.*; C. 9, X, *De usuris*). A la restriction du droit romain, il en substitua une autre, mais bien moins importante; l'héritier ne doit pas être tenu de l'indemnité au delà des forces de la succession. Les lois pontificales, tout en voulant modifier le droit romain dans l'intérêt légitime de la partie lésée, n'avaient pas osé en abroger complétement les règles, et cette restriction nouvelle ne nous apparaît que comme une demi-mesure sans fondement réel (1). La jurisprudence de nos parlements développa le principe de la responsabilité absolue des héritiers en ce qui concerne la réparation civile des délits de leur auteur; l'article 2 du Code d'instruction applique cette doctrine sans aucune restriction.

La responsabilité civile établie par l'article 1384 du Code Napoléon ne s'applique pas seulement au dol civil, mais encore au dol criminel. (Art. 1952 et 1953, C. N.). En effet, cette responsabilité repose sur la présomption que l'obligé, qui était tenu de surveiller les personnes, les animaux ou les choses de manière à les empêcher de nuire à autrui, ou de n'employer que des personnes incapables de nuire, a fautivement omis de

_____

(1) Peut-être pourrait-on dire que l'héritier ignore ordinairement les délits de son auteur et les obligations qui en résultent, tandis qu'il est imprudent de ne pas faire inventaire pour connaître les obligations résultant de contrats; dans ce dernier cas, s'il éprouve un dommage, il ne doit s'en prendre qu'à lui-même. — *Voy.* Savigny, *Droit romain*, t. V, § ccxii, p. 61.

le faire; il est évident que la présomption de la loi se présente dans toute sa force, lorsque la personne placée sous la surveillance de l'obligé, au lieu d'un simple délit civil, a commis un fait atteint par la loi pénale. Je n'ai pas à entrer dans l'examen des cas de responsabilité civile établis par différentes lois; tous reposent sur la même présomption de faute, en sorte que ce n'est pas au plaignant à prouver que son adversaire a omis de prendre les précautions qui devaient mettre sa responsabilité à couvert; la faute est présumée de plein droit par la loi, et le défendeur, pour être renvoyé de la poursuite, doit établir qu'il n'a pu empêcher le fait dommageable. La différence entre ces cas divers réside simplement dans le plus ou moins de sévérité de la présomption de faute.

Je ne m'arrêterai qu'à un seul cas de responsabilité qui présente des particularités curieuses, je veux parler de la responsabilité des communes réglée par la loi du 10 vendémiaire an IV. L'article 1er, titre IV, de cette loi porte : « Chaque commune est responsable des dé-
« lits commis à force ouverte et par violence, sur son
« territoire, par des attroupements ou rassemblements
« armés ou non armés, soit envers les personnes, soit
« contre les propriétés nationales ou privées, ainsi que
« des dommages-intérêts auxquels ils donneront
« lieu. » Si les habitants de la commune ont pris part à ces délits, elle est, en outre, obligée de payer une amende égale au montant de la réparation principale.

De semblables dispositions ne sont pas nouvelles

dans la législation; on comprend parfaitement que les communes étant des sociétés armées d'un certain pouvoir de surveillance sur les membres qui les composent, il est des cas où elles doivent répondre des actes délictueux des habitants qu'elles auraient pu prévenir. Cette responsabilité existait déjà dans une certaine mesure chez les peuples de l'antiquité et sous notre ancienne monarchie. Elle ne fut régulièrement organisée que pendant la Révolution : au milieu des pillages, des dévastations qui marquent toutes les époques de troubles et de réactions, on comprit combien il serait juste et utile de soumettre les communes à une responsabilité spéciale pour le cas où l'ordre viendrait à être compromis dans leur sein. Mais il ne vint à la pensée de personne de rendre les communes garantes des délits individuels; les faits de cette nature n'engagent que le coupable et tout au plus ceux qui sont chargés de veiller sur leur conduite; la responsabilité des communes ne doit s'étendre qu'aux méfaits résultant de rassemblements, d'attroupements que le maire devait faire dissiper par la force publique. (*Conf.*, Cassat., 27 avril 1813.)

La loi du 23 février 1790 qui, la première, organisa cette responsabilité d'une manière générale, en exempta les communes lorsqu'elles n'ont pas été requises et qu'elles n'ont pas pu empêcher les faits coupables. La loi de vendémiaire an IV semble imposer la responsabilité aux communes sans ces conditions; aussi Toullier n'hésite-t-il pas à la traiter d'injuste. Ce reproche est-il

9

fondé et la loi de vendémiaire renferme-t-elle vraiment la doctrine qu'on lui suppose ? Je voudrais pouvoir répondre négativement ; mais l'article 5 du titre IV me paraît formel : « Dans le cas où les rassemblements « auraient été formés d'individus étrangers à la com- « mune, et où la commune aurait pris toutes les me- « sures en son pouvoir, à l'effet de les prévenir ou d'en « faire connaître les auteurs, elle demeurera déchar- « gée de toute responsabilité. » Il résulte bien claire- ment de cet article que, pour décharger la commune de toute responsabilité, il faut non-seulement qu'elle ait pris toutes les mesures en son pouvoir pour préve- nir l'événement, mais encore qu'aucun des habitants n'ait pris part au rassemblement. Le fait que des habi- tants de la commune ont participé aux désordres, cons- titue une sorte de circonstance aggravante ; en effet, dans ce cas, une amende est infligée à la commune (1). Il faut avouer qu'un semblable résultat est déplorable, et qu'il contrarie tous les principes de la responsabilité civile ; la responsabilité ne doit être imposée qu'à celui qui est en faute.

L'arrêt du 15 mai 1811 refuse d'appliquer la loi de vendémiaire à la ville de Paris ; cette loi suppose une organisation qui laisse aux communes la libre dispo- sition de leurs moyens de surveillance, d'action ou de répression ; c'est le Gouvernement qui administre Paris,

(1) La Cour de cassation a souvent varié sur ce point : dans notre sens, arrêts du 30 décembre 1821, 24 juillet 1837 ; — *Contrà*, 6 avril 1836, 15 mai 1811.

qui en a la police générale, qui dispose de la force publique. Paris n'a pas de municipalité proprement dite et ne forme pas une véritable commune; il est donc impossible de lui appliquer les règles de la responsabilité communale. Il faudrait dire la même chose de la ville de Lyon, qui est placée sous un régime semblable.

Lorsque les rassemblements ou attroupements ont été formés d'habitants de plusieurs communes, toutes ces communes sont responsables des délits qu'ils ont commis et contribuables aux réparations ainsi qu'à l'amende.

En quoi consistent ces réparations? Elles présentent un caractère insolite dans notre législation et qui a quelque analogie avec celui que nous avons trouvé dans certaines actions pénales du droit romain. La commune doit tout d'abord rendre aux personnes qui ont souffert du désordre les objets en nature dont ils ont été privés, ou le double de la valeur de ces objets, puis leur payer des dommages-intérêts au moins égaux à la valeur de ces mêmes objets; en sorte que la réparation peut être triple du dommage éprouvé.

La commune ne supporte pas en définitive les sommes qu'elle est obligée de payer sur les poursuites dirigées contre elle; les habitants, présumés en faute pour n'avoir pas empêché le délit, doivent tous contribuer, en proportion de leur fortune, à la réparation du dommage, sauf le recours de ceux qui peuvent se prouver innocents contre les véritables coupables.

La loi de vendémiaire crée deux actions, une action

publique pour l'amende et une action civile ; par une dérogation extraordinaire aux principes, ces deux actions
sont portées devant le tribunal civil, et le procureur impérial est chargé de la poursuite des réparations privées.
Sans doute le législateur a-t-il voulu venir en aide aux
parties lésées, leur donner un défenseur capable de faire
réparer leurs pertes dont elles auraient pu renoncer à
poursuivre l'indemnité par crainte des inimitiés locales,
en même temps que, par la puissance dont il l'inves-
tissait, il forçait les corps municipaux et les citoyens
à la répression des attroupements par la menace des
condamnations qui les attendaient. Ceci n'empêche pas
la partie civile d'introduire son action elle-même, suivant les règles ordinaires, lorsque le ministère public
reste dans l'inaction et laisse passer les délais très-
courts fixés par la loi de l'an IV pour la procédure spéciale qu'elle établit (titre V). Je n'ai pas besoin de m'arrêter plus longtemps sur cette loi ; il me suffit d'en avoir
fait ressortir le principe et les dérogations qu'elle apporte aux règles générales du droit ; les difficultés principales qu'on y rencontre rentrent spécialement dans
le droit administratif et je n'ai pas à m'en occuper.

Par une exception formellement prononcée par la
loi, il peut arriver que l'auteur d'un délit ne puisse
être contraint par l'action civile à réparer le dommage
qu'il a causé : l'article 1363 du code Napoléon porte que
lorsque le serment déféré ou référé a été fait, l'adversaire
n'est pas recevable à en prouver la fausseté ; c'est dire
qu'on ne peut plus renouveler la contestation tranchée

par la prestation du serment, sous prétexte que le serment a été fait de mauvaise foi. Lors même que le serment est reconnu faux sur les poursuites du ministère public (art. 366 C. pénal), le jugement du tribunal civil reste néanmoins irrévocable, l'action civile est fermée.

SECTION II.

A l'occasion de quels délits l'action civile peut être exercée.

Les infractions qui donnent naissance à l'action civile et à l'action publique peuvent être commises, soit dans les limites du territoire, soit au delà de ces limites. Cette distinction est importante quand on s'occupe de l'action publique; elle n'a presque pas de rapports avec notre matière. Et d'abord, ces deux actions s'étendent à tous les crimes, délits et contraventions commis sur le territoire, mais c'est en vertu de principes différents : l'action publique, en vertu de la règle doctrinale posée dans l'article 3 du Code Napoléon : « Les lois de police et de sûreté obligent tous ceux qui habitent le territoire; » l'action civile, en vertu de cette autre règle fondamentale que quiconque, par son fait, a causé un dommage à autrui, est obligé à le réparer (art. 1382 C. Nap.). Les étrangers contractent des obligations en France et, quelle que soit la source de leurs obligations, ils sont tenus de les remplir (art. 14 C. Nap.); tout délit engendre une obligation (art. 1370), celle qui consiste à réparer le dommage causé; l'étranger coupable d'un délit doit donc non-seulement satisfaire à la peine portée par nos lois de police et de sûreté, mais encore répondre à l'obligation de droit naturel consacrée par notre loi civile qui le force à indemniser la personne qu'il a lésée dans ses intérêts.

Que si le délit a été commis hors du territoire français, l'action publique et l'action civile suivent un sort tout différent. Sans rentrer dans la discussion éternelle de la personnalité et de la territorialité des lois pénales, et quelque opinion que l'on embrasse, il faut reconnaître devant des textes formels que l'action publique atteindra bien rarement le coupable (v. les art. 5, 6 et 7 C. Inst. crim.). Les limites imposées par la loi à l'exercice de cette action n'entravent en rien la libre poursuite des intérêts civils engagés dans une affaire criminelle; en effet, l'action civile dérive de l'obligation que le délit a créée, et comme, d'après l'article 14 du Code Nap., l'étranger, même non résidant en France, peut être cité devant les tribunaux français pour les obligations par lui contractées en pays étranger envers des Français, cet étranger sera très-valablement poursuivi en France pour la réparation du dommage résultant d'un délit qu'il a commis à l'étranger au préjudice d'un Français. Il n'est pas nécessaire que cet étranger soit trouvé en France pour qu'on puisse le traduire devant les tribunaux français (C. cass. 7 septembre 1808). Cette condition avait bien été insérée dans la première rédaction de l'article 14 ; mais elle en fut retranchée à la suite d'une conférence entre le conseil d'État et le Tribunat.

Réciproquement, les Français peuvent être traduits devant les tribunaux de France pour la réparation civile des délits par eux commis en pays étranger au préjudice d'étrangers (art. 15, C. Nap.), à plus forte raison au préjudice des Français qui ne pourraient pas, d'après l'art. 7 du Code d'instruction, porter contre eux une plainte au criminel. Mais il ne faut pas l'oublier, il s'agira, en ce cas, d'une contestation purement civile dont la juridiction civile seule pourra connaître, puisqu'il n'y aura point de débat criminel.

On le voit, si des règles formelles désarment la justice devant des attentats trop nombreux, si l'intérêt social est sacrifié à la logique de je ne sais quels principes, les intérêts particuliers ne seront jamais en souffrance, et si le coupable peut venir promener en France son impunité, au moins devra-t-il payer de sa bourse le privilége d'échapper à la peine. En vérité, cela fait presque penser aux compositions du droit barbare.

L'action publique et l'action civile s'étendent à tous les crimes, délits et contraventions commis en France, quels qu'en soient les auteurs : tel est le principe général. Cependant elles sont en quelque sorte suspendues à l'égard de certaines personnes, les ambassadeurs et représentants des puissances étrangères. Celle exception n'est pas enregistrée dans nos lois; mais d'anciens usages, parfois contestés, toujours suivis, l'ont établie et soigneusement conservée. D'ailleurs l'inviolabilité diplomatique est de ces règles de droit international fondées sur le bon sens et l'équité; l'indépendance de l'ambassadeur, en effet, est comme une condition de l'exercice de ses fonctions, une garantie de leur consciencieux accomplissement, une conséquence de la souveraineté réciproque des nations (1). Aussi les publicistes s'accordent-ils sur le principe et le fond du droit; mais quand il s'agit d'arriver à l'application, de poser les règles de la matière, la controverse commence et jamais, il faut l'avouer, carrière plus vaste et plus commode ne fut ouverte aux discussions. Examiner les différents systèmes qui se sont produits serait sortir du cadre modeste de ce travail; du reste, en ces matières, à défaut de droit positif, il y a au moins des traditions et des usages universellement respectés; la controverse est le plus souvent une sorte de protestation contre des règles que les uns peuvent trouver dangereuses, les autres inutiles; mais elle ne suppose pas nécessairement leur disparition, et nous devons dire ce qui est, non ce qui doit être.

Chez toutes les nations européennes, l'ambassadeur est regardé comme indépendant de l'autorité de l'État; il est soustrait à la juridiction des tribunaux du pays,

(1) Montesquieu, *Esprit des lois*, liv. XXII, ch. XXI.

non-seulement pour les délits qu'il aurait pu commettre, mais encore pour les réclamations civiles qui
seraient élevées contre lui. Que l'ambassadeur ne
puisse être recherché ni inquiété à raison d'un fait délictueux par la justice répressive, cela va de soi, et
c'est surtout pour ce cas que le principe a été posé;
mais on comprend moins facilement qu'on ne puisse
lui demander, autrement que par la voie diplomatique,
la réparation du préjudice qu'il a causé, et l'on pourrait soutenir que ce n'est pas porter atteinte à l'inviolabilité de l'ambassadeur que de l'obliger à reconnaître et exécuter un engagement civil. Mais prenons
garde d'arriver bientôt à attaquer sa liberté que nous
voulons respecter. Aux termes de l'art. 52 du Code
pénal, l'exécution de la condamnation aux dommages-
intérêts peut être poursuivie par la contrainte par
corps (*Conf.*, loi du 17 avril 1832, art. 38), en sorte
qu'en admettant même qu'on puisse diriger contre un
ministre public une poursuite purement civile, nous
devrions réserver les demandes en dommages-intérêts
résultant d'un fait punissable, puisque de la condamnation, même prononcée par un tribunal civil, naîtra
la possibilité d'une contrainte à exercer sur la personne
de l'ambassadeur. Or ceci est défendu par un texte formel, le décret du 13 vendémiaire an II : « La Conven-
« tion nationale interdit à toute autorité constituée
« d'attenter, en aucune manière, à la personne des en-
« voyés des gouvernements étrangers; les réclama-
« tions qui pourraient s'élever contre eux seront por-

« tées au Gouvernement qui seul est compétent pour
« y faire droit. »

Il n'en est pas de même des consuls, simples agents
commerciaux qui ne sont pas chargés de représenter
le souverain qui les a nommés et dont les commissions
s'adressent à leurs propres nationaux. Toute liberté
est laissée à l'action publique et à l'action civile qui
pourraient naître de faits coupables commis par eux.

CHAPITRE IV.

Règles générales relatives à l'exercice de l'action civile.

SECTION I.

Indépendance de l'action civile et conséquences de ce principe.

L'action civile conserve à l'égard de l'action publique la même indépendance que réclame la seconde à
l'égard de la première. Ainsi l'action publique peut
s'éteindre, par exemple, par une amnistie ou le décès

du prévenu, sans que l'action civile cesse de subsister;
ainsi encore, l'action civile peut être poursuivie en
même temps et devant les mêmes juges que l'action
publique, ou bien elle peut être exercée séparément,
au choix de la partie lésée (art. 3 C. Inst. crim.); c'est
dire que cette partie à laquelle elle appartient a le
droit d'en disposer librement. La partie civile est complétement maîtresse de son action et personne ne peut
s'en emparer à son défaut; le ministère public ne
peut pas en saisir les tribunaux, et ceux-ci ne peuvent
pas adjuger de réparations civiles envers la partie lésée
qui ne serait pas intervenue au procès ; sur le seul appel du ministère public, la Cour impériale ou le tribunal correctionnel (sur l'appel d'un jugement de simple
police) sont incompétents pour régler définitivement
ces réparations.

La partie civile peut renoncer à exercer son action,
elle peut se désister de la demande qu'elle a formée,
elle peut transiger sur ses droits, elle peut enfin en
faire la cession à un tiers.

1° La partie lésée peut renoncer à son action : *uni-
cuique licet contemnere ea quæ pro se introducta sunt* (loi
41, Dig. *De minoribus*); la poursuite en justice est un
acte qui dépend de la volonté des parties, qui peuvent
ou remettre l'offense, ou en demander la réparation.
Lorsque les parties privées avaient seules l'initiative
des poursuites, la société avait un puissant intérêt à
surveiller leur négligence ou leur inaction ; mais depuis l'établissement d'un ministère public, cet intérêt

est devenu secondaire et le législateur a dès lors établi en principe que *les juges ne doivent contraindre les plaignants à se rendre parties, s'ils ne le veulent* (Ordon. d'Orléans de 1560, art. 63 ; — Ordon. de Blois de 1579, art. 184). Ce principe est devenu le droit commun et la loi ne l'a rappelé que pour en régler les effets ; l'article 4 du Code d'Inst. crim. porte que « la renonciation à l'action civile ne peut arrêter, ni suspendre l'exercice de l'action publique. »

2° Les mêmes raisons qui ont fait accorder aux parties lésées le droit de renoncer à l'action civile, doivent leur permettre de s'en désister, c'est-à-dire d'abandonner la poursuite commencée. L'article 5 du titre III de l'ordonnance de 1670 portait : « Les plaignants ne seront réputés parties civiles s'ils ne le déclarent formellement ou par la plainte, ou par acte subséquent qui se pourra faire en tout état de cause, dont ils pourront se départir dans les vingt-quatre heures et non après. Et en cas de désistement, ne seront tenus des frais depuis qu'il aura été signifié, sans préjudice néanmoins des dommages-intérêts des parties. » Cette disposition se trouve reproduite presque littéralement dans l'article 66 du Code d'instr. crim.

L'adjonction de la partie civile aux poursuites du ministère public facilite singulièrement la répression des crimes. Si les parties civiles ne pouvaient se désister de leur action, lorsqu'elles prévoient une issue défavorable à leur cause, elles seraient moins disposées à assumer la responsabilité d'une poursuite. Pour appeler, pour encourager leur intervention au procès criminel, on leur a permis de se décharger par le désistement de la responsabilité des frais; et si on leur impose pour se prononcer définitivement un délai fatal, c'est que vingt-quatre heures ont paru suffisantes pour apprécier la somme des frais auxquels peut donner lieu la procédure; c'est aussi qu'il serait injuste à l'égard de l'accusé de conserver à la partie civile qui a engagé la poursuite, la faculté illimitée de se dégager de la responsabilité que cette poursuite fait peser sur elle. Au reste, les effets du désistement ne sont pas les mêmes en ce qui concerne les dommages-intérêts ; même quand il l'a formé dans le délai légal, le plaignant reste passible des dommages et intérêts de l'accusé, « à raison, dit Jousse, de l'injure de l'accusation. » Cette disposition est parfaitement juste; si le désistement a amélioré la condition de l'accusé en lui enlevant un de ses adversaires, et en établissant une sorte de présomption en sa faveur, il n'en est pas moins vrai que la plainte, devenue simple dénonciation, subsiste avec tous ses effets. Si la plainte est injuste, s'il en résulte pour l'accusé un dommage quelconque, il faut que ce dommage soit réparé et que la calomnie soit vengée.

3° Maîtresse de renoncer à son action, la partie civile peut transiger sur les dommages-intérêts, c'est-à-dire attacher à sa renonciation telles conditions qui lui conviennent. A une époque où les parties lésées réunissaient dans leurs mains l'action publique et l'action civile, le droit de transiger sur les intérêts civils engagés dans un procès criminel dut avoir ses limites; on leur défendit la transaction sur les crimes graves. Plus tard, lorsque la pratique eut séparé les deux actions, le droit de transiger ne fut plus contesté aux parties, « par cette raison vulgaire, dit Ayrault (*Instr. judic.*, liv. III, n° 81), que le procureur du roy a seul en main la vindicte publique, qu'il n'y a infamie, perte ou incommodité à la partie civile de transiger, car elle ne transige que de son intérest. » La transaction fut donc permise, et même elle arrêtait l'action du ministère public lorsque le crime n'emportait pas peine afflictive (Ordon. de 1670, tit. XXV, art. 19).

Dans notre législation, le droit de transiger sur les intérêts civils résultant des délits est formellement consacré (art. 2046 C. N.), l'indépendance de l'action publique sauvegardant l'intérêt social. Cependant, une modification au droit absolu de transaction, que l'ancienne jurisprudence avait établie à l'égard du crime de faux (Ordon. de juillet 1717, tit. II, art. 52), a été conservée et reproduite, en ce qui concerne le faux incident, dans l'article 249 du Code de procédure : « Au-« cune transaction sur la poursuite du faux incident « ne pourra être exécutée, si elle n'a été homologuée « en justice, après avoir été communiquée au minis-« tère public, lequel pourra faire, à ce sujet, telles ré-« quisitions qu'il jugera à propos. » Le but de cette homologation est de mettre le ministère public à même d'examiner quand une question de faux s'élève incidemment dans un procès, s'il y a lieu soit de requérir les mesures propres à constater le crime de faux, soit d'en poursuivre les auteurs par l'action publique. Mais la validité de la transaction est-elle subordonnée à l'homologation du tribunal ? La négative me paraît incontestable; elle résulte des termes mêmes de l'article 249 : ce qui est suspendu, ce n'est pas la convention, c'est son exécution. La convention en elle-même est parfaite; seulement quand il s'agit d'en faire sortir les actes qu'elle comporte, il faut demander au tribunal son homologation pour que l'accord des parties ne préjudicie pas à l'intérêt public.

4° La transaction des parties lésées eut pour conséquence la cession de leurs droits. En transigeant, l'accusé s'exposait, dans notre ancien droit, à un double péril : il n'élevait d'abord qu'une fin de non-recevoir imparfaite contre une demande ultérieure de la partie lésée; ensuite, le fait même de la transaction devenait un indice et presque une preuve de sa culpabilité aux yeux du ministère public qui conservait son action. « Qu'ont fait nos praticiens? dit Ayrault (*Inst. judic.*, liv. II, n° 81), ils ont pensé trouver un remède par lequel quand les parties seraient d'accord, l'accusateur ne pût plus agir, ou ne pût plus être repris de prévarication et collusion, ni imputé à l'accusé qu'en transigeant il se fût confessé et reconnu coupable. Ce remède est l'accusateur cédant ses actions à un tiers avec lequel l'accusé colludant désormais, se peut justifier sans danger…. Tout cessionnaire n'est autre chose qu'un prévaricateur manifeste; c'est que nul ne transporte ses droits qu'aux amis et familiers de l'accusé; c'est que ces cessions ne se firent jamais que les parties ne fussent d'accord; c'est qu'elles ne se font jamais gratis, c'est que le prix sort toujours de la bourse de l'accusé, non du cessionnaire. Qu'advient-il de là? Le cessionnaire détourne les preuves, confesse les faicts de sa partie, lui amène témoins parjurés,..... » Cependant il aurait été difficile de contester la validité d'une pareille opération; elle fut donc admise, mais avec défiance, et l'on n'adjugea au cessionnaire que le prix de sa cession, sans exécution ni contrainte par corps, « d'autant que l'intérêt du cessionnaire est tout pécuniaire, et par conséquent, si l'accusation est fausse, le cessionnaire n'est point excusable de calomnie et sera puni comme tel. »

La collusion entre la partie poursuivante, le cessionnaire et l'accusé, n'est plus à craindre aujourd'hui, puisque l'instruction se fait à la requête du ministère public, qu'il y ait ou non une partie civile. La cession de droits en matière criminelle est donc entièrement admise aujourd'hui, et le cessionnaire est recevable à intenter l'action civile en réparation du dommage causé par le délit; mais il ne peut porter plainte qu'au nom de la partie lésée, et en vertu de la procuration qu'elle a donnée à cet effet; car une plainte est un acte entièrement personnel à celui qui a souffert (art. 31 et 63 C. Inst. crim.). Du moment que la cession est valable, que la loi n'y attache pas des effets spéciaux, elle doit produire tous les effets d'une cession ordinaire et, par conséquent, investir le cessionnaire de tous les droits qui appartenaient au cédant et qu'il aurait pu exercer lui-même. Mais comme la partie lésée, en cédant ses droits, semble avoir apprécié elle-même le taux de la réparation qui peut lui être due, il arrivera le plus souvent que les juges n'excéderont pas le prix de la cession dans la fixation des dommages-intérêts. Et puis, la justice ne doit point favoriser ces sortes de cessions en leur allouant le bénéfice d'une prime; elles peuvent avoir sans doute un but parfaitement légitime; mais dans la plupart des cas, n'arrive-t-il pas que celui qui se substitue à la partie lésée, outre qu'il enlève au ministère public un auxiliaire utile, n'a d'autre but que de venir indirectement en aide à l'accusé, ou de se servir au contraire de l'action civile comme d'un instrument d'oppression contre lui, ou enfin de réaliser quelque but de lucre et de spéculation (1)?

SECTION II.

Des juridictions compétentes pour connaître de l'action civile. — Droit d'option entre la juridiction criminelle et la juridiction civile.

Aux termes de l'article 3 du Code d'Inst., l'action civile peut être poursuivie en même temps et devant les mêmes juges que l'action publique; elle peut aussi l'être séparément. La partie lésée par un délit n'est donc nul-

(1) Faustin Hélie, t. II, p. 467.

lement tenue d'exercer son action en réparation du dommage qu'elle a souffert lorsque le ministère public poursuit la punition du délit ; elle est maîtresse de son action, elle peut attendre le moment où il lui plaît de l'exercer ; d'où il résulte que le prévenu serait non recevable à demander la mise en cause de la partie lésée, pour qu'il fût statué en même temps sur l'action civile et l'action publique (Cass. 30 juillet 1819).

Lorsque la partie civile exerce son action indépendamment de l'action publique, elle doit la porter directement devant la juridiction civile ; l'article 3 nous avertit qu'alors « l'exercice en est suspendu tant qu'il « n'a pas été prononcé définitivement sur l'action pu- « blique intentée avant ou pendant la poursuite de l'ac- « tion civile. » Cela ne veut pas dire que tant que l'existence du délit n'a pas été constatée par la juridiction de répression, la partie qui se prétend lésée est non recevable à poursuivre la réparation du dommage qu'elle a éprouvé ; cela ne veut pas dire que si la partie publique n'a point intenté d'action, la partie civile ne puisse faire juger la sienne. L'action civile, répétons-le, est indépendante de l'action publique ; elle poursuit un but immédiat tout différent, la réparation du préjudice causé aux intérêts particuliers ; si le ministère public reste dans l'inaction parce que l'intérêt social ne lui paraît pas suffisamment engagé, s'ensuit-il de là que l'intérêt privé doive rester sans satisfaction ? La thèse contraire n'a pu être soutenue qu'à une époque où les principes du droit nouveau n'apparaissaient pas encore d'une manière bien nette à l'esprit des magistrats, et la Cour de cassation a dû plusieurs fois les rappeler à la pureté de la doctrine (arr. 16 juillet 1813, 21 décembre 1813, etc.). Dans plusieurs espèces, le juge de paix, siégeant comme tribunal civil, avait refusé de connaître de l'action résultant d'un délit qui excédait sa compétence comme juge de police. Les dommages-intérêts réclamés n'excédaient pas 100 francs; si la répression du délit n'était pas de la compétence du juge de paix, il était évident cependant que la réparation d'un préjudice évalué à 100 francs rentrait essentiellement dans ses attributions; ainsi, sous le double rapport de la nature et de la quotité de la demande, le juge de paix devait statuer sur le fait qui lui était soumis, sans s'occuper des caractères à raison desquels il pouvait ressortir d'une autre juridiction (Cass., 2 octobre 1834).

L'article 5 de la loi du 25 mai 1838 a donné à cette règle une nouvelle consécration, en attribuant au juge de paix la connaissance « des actions civiles pour dif-« famation verbale et pour injures publiques ou non « publiques, verbales ou par écrit, autrement que par « la voie de la presse; des mêmes actions pour rixes « ou voies de fait; *lorsque les parties ne se sont pas pour-« vues par la voie criminelle.* » Pour emprunter l'expression du rapporteur de la loi à la Chambre des députés, on cherche à *civiliser* les procès correctionnels (1). Ainsi, non-seulement la législation ouvre aux

(1) De nos jours on fait autre chose : on *correctionnalise* les crimes pour assurer leur répression.

parties lésées la voie civile, mais elle tend encore à leur faire adopter, en certains cas, cette voie de préférence à la voie criminelle.

La partie civile peut opter entre la juridiction criminelle ; mais cette option n'est point un droit illimité, elle est soumise à plusieurs règles.

I. La première, c'est que la partie lésée ne peut porter sa demande en dommages-intérêts devant un tribunal de répression qu'autant que ce tribunal se trouve saisi en même temps de l'action publique. Le juge criminel ne peut connaître de l'action civile qu'accessoirement à l'action publique portée devant lui ; dans la rigueur des principes, il n'en devrait pas connaître : il est institué pour la répression des crimes, non pour la satisfaction des intérêts privés. Mais dans un but d'utilité que nous avons plusieurs fois fait apercevoir, parce que le concours de la partie civile apporte à l'action publique une impulsion nouvelle, une énergie plus grande, la loi permet et désire la réunion des deux actions ; d'ailleurs, les preuves de la lésion et les preuves du délit sont puisées dans les mêmes éléments ; deux procédures séparées sont inutiles. On porte donc les deux actions devant le juge criminel, mais encore une fois faut-il qu'il soit saisi de l'action publique pour statuer sur les réparations civiles. Ce principe qui résulte des lois déterminant la compétence des juridictions, est clairement énoncé dans l'article 3 du Code d'instruction : « L'action civile peut être poursuivie en

« même temps et devant les mêmes juges que l'action
« publique. » Ce qui suppose nécessairement que
l'action publique est intentée et qu'un juge s'en trouve
saisi.

Il résulte de là que la partie lésée par un délit ne
peut traduire devant un tribunal de répression les personnes civilement responsables, qu'autant que le prévenu y est traduit lui-même (Cass., 5 juillet 1833); que
la poursuite dirigée contre les héritiers du prévenu ne
peut être portée que devant la juridiction civile. Il en
résulte encore que les tribunaux criminels ne peuvent
statuer sur l'action civile que par le même jugement qui
applique la loi pénale (art. 159, 191, 212, C. inst. crim.),
et que, lorsqu'ils prononcent l'acquittement du prévenu, ils se trouvent dessaisis de l'action publique et
deviennent incompétents pour statuer sur les intérêts
privés, (Cass., 2 mai 1851.) Mais ces règles ne sont sui-
vies que devant les tribunaux de simple police et les
tribunaux correctionnels; les cours d'assises peuvent
adjuger des dommages-intérêts par un jugement distinct et même après l'acquittement ou l'absolution de
l'accusé (art. 358, C. inst.).

Par suite du même principe, l'action civile ne peut
s'exercer devant les tribunaux criminels, lorsque le fait
qui produit le dommage n'est point qualifié par la loi
crime, délit ou contravention. En effet, il n'existe point
en ce cas d'action principale, puisque le fait n'est pas
de nature à motiver l'exercice de l'action publique; la
juridiction criminelle est donc incompétente pour con-

naître d'une action dont elle ne peut être saisie qu'accessoirement à la première.

L'incompétence des tribunaux de répression pour prononcer sur les intérêts civils quand ils ne sont pas saisis de l'action publique tient à la matière ; elle est absolue et d'ordre public ; elle peut donc être proposée en appel lorsqu'elle ne l'a pas été en première instance. (Cass., 11 septembre 1818.)

II. La partie lésée qui a opté pour la voie civile peut-elle l'abandonner pour prendre ensuite la voie criminelle ? et réciproquement, celle qui a pris d'abord la voie criminelle peut-elle revenir à la voie civile La négative est enseignée par M. le président Barris (*Rép.* V° *Délit*, § 1) : « Il est, dit-il, un principe commun à tous les tribunaux : c'est que la partie civile, qui pouvait à son choix prendre la voie civile ou la voie criminelle, n'est pas recevable à revenir sur son choix, et qu'en prenant une de ces voies, elle s'est fermé l'autre sans retour. Ce principe était né dans la législation ancienne (1). (Jousse, III, p. 11 ; nouv. Denizart, X, p. 108), et la jurisprudence l'a consacré

(1) On l'exprimait par l'adage : *Electa una via, non datur recursus ad alteram* ; s'appuyant sur certains textes du Digeste, les anciens auteurs en donnaient pour raison que le demandeur optant pour l'une des actions qui lui sont déférées, est censé renoncer aux autres. Cette maxime fut appliquée par la jurisprudence aux matières criminelles. (Parlement de Paris, 3 avril 1680 et 2 août 1706 ; Conf. Ordon. de 1667, tit. XVIII, art. 2.)

dans la nouvelle. Il est fondé sur l'humanité et même sur la justice qui ne permettent pas qu'on traîne ainsi un accusé d'une juridiction dans une autre, et qu'on décline à son préjudice celle qu'on a volontairement saisie, parce qu'on ne la croira peut-être pas favorable aux demandes qu'on a formées devant elle. » Cette doctrine absolue a été combattue en l'un de ses points par de nombreux jurisconsultes; on est d'autant plus à l'aise pour la discuter que le principe qu'elle proclame n'est écrit dans aucune loi en termes positifs.

Le droit de la partie lésée doit être examiné en deux hypothèses distinctes : ou elle a saisi la juridiction civile, ou elle a saisi la juridiction criminelle.

1° Sur la première hypothèse tout le monde est d'accord : la partie lésée ayant porté son action devant la juridiction civile, il y a lieu de présumer qu'elle a renoncé à employer la voie criminelle; elle était libre de son choix, elle avait tous moyens de s'éclairer; la juridiction civile reste définitivement saisie. (Cass., 9 mai 1828, 11 février 1832.)

Toutefois cette règle est sujette à une exception que nous indique le président Barris : « C'est lorsque les tribunaux civils ont été saisis sur une demande dont les éléments paraissent absolument civils; si, depuis l'introduction de cette demande, il se découvre des faits qu'on avait dû ignorer et qui puissent donner à l'affaire un caractère criminel, on doit être dans ce cas admis à intenter une action criminelle. Pour que la voie civile puisse exclure la voie criminelle, il faut qu'elle ait été prise avec choix et en connaissance de cause (1). »

La règle *electâ unâ viâ* n'est qu'un bénéfice particulier introduit par la jurisprudence ; aucune considération d'ordre public ne s'oppose à ce que le défendeur puisse y renoncer soit expressément, soit tacitement. Lors donc que l'instance est liée, que le prévenu poursuivi devant la juridiction correctionnelle a pris des conclusions au fond, de pareilles conclusions sont de sa part la reconnaissance formelle de la compétence de cette juridiction; il ne peut plus opposer à la partie lésée qu'elle avait d'abord pris la voie civile. (Bordeaux, 23 novembre 1812.)

2° Supposons maintenant que la partie lésée a pris d'abord la voie criminelle. Peut-elle se désister de la plainte et revenir à la juridiction civile?

Elle le peut évidemment si la juridiction criminelle se déclare incompétente, soit parce que le fait n'est pas puni par les lois pénales, soit parce qu'il ne rentre pas dans les attributions de la juridiction saisie, soit parce que l'action publique est éteinte. En effet, le tribunal qui se déclare incompétent est dans les mêmes termes que s'il n'avait pas été saisi; l'affaire n'est pas vidée; la partie reprend donc son action et la reporte devant la

(1) *Voy.* loi 22, cod. *De furtis et serv. corrupt.* ; loi 13, Dig. *De instit. act.* ; art. 250, Code de procéd. Conf. Ordon. de juillet 1737, tit. II, art. 19.

juridiction nouvelle qui lui est indiquée. Mais le tribunal de répression est compétent et il reste saisi de l'action publique; même en ce cas, Merlin pense que la partie lésée peut passer de la juridiction criminelle à la juridiction civile (*Questions*, v° *Option*, § 1) : « Il y a, dit-il, des lois qui, en donnant au demandeur le choix entre deux actions, lui interdisent bien le passage de l'action la plus favorable au défendeur à celle qui l'est moins; mais ces lois ne s'expliquent pas sur la question de savoir si le demandeur peut passer de l'action la plus rigoureuse à celle qui l'est moins, et sont, par cela seul, censées le lui permettre..... Comme il m'est permis de renoncer à mon propre avantage et que mon adversaire ne serait pas recevable à se plaindre de ce que je n'use pas contre lui de toute la rigueur de mon droit, je peux, après avoir rendu plainte d'un délit qui m'a causé du dommage et avant qu'il y ait été statué, renoncer à la voie criminelle pour prendre la voie civile. »

M. Mangin (I, p. 71) combat cette opinion : admissible dans l'ancien droit, alors que la partie lésée était seule poursuivante dans les matières de petit criminel, que c'était elle qui animait la poursuite, elle ne l'est plus aujourd'hui que les parties civiles ne participent plus à l'exercice de l'action publique, qu'elles ne sont que demanderesses à fins civiles; le ministère public instruit de l'existence des faits par la plainte ou par la citation, peut retenir l'affaire et la poursuivre d'office; où est donc l'avantage que procure au prévenu la renonciation du plaignant? L'action de ce dernier est portée devant les tribunaux civils; le prévenu reste exposé à subir deux procès au lieu d'un.

Mais n'est-il pas évident, comme le fait remarquer M. Faustin Hélie (II, p. 484), que si l'action publique est exercée, le plaignant joindra la sienne et ne se désistera pas? C'est donc principalement dans les cas où elle ne l'est pas, où il s'agit d'un délit purement privé, que le désistement aura lieu, et l'on comprend dès lors tout l'intérêt qu'a le prévenu d'éviter la flétrissure d'une poursuite criminelle. D'ailleurs, si le ministère public agit d'office, il lui importe encore que ses deux adversaires soient séparés, que l'action publique ne reste pas fortifiée par le concours de la partie civile. Ainsi, cette conversion du procès améliore la position du prévenu, et puisque la règle *electâ unâ viâ* ne repose sur aucun texte, qu'elle n'a d'autre fondement que l'équité, cessons de l'appliquer là où l'équité ne demande pas son application.

On a invoqué contre notre système l'art. 5, n° 5, de la loi du 15 mai 1838 que j'ai cité un peu plus haut : « Les juges de paix connaissent..... des actions civiles « pour diffamation verbale et pour injures publiques « ou non publiques..... *lorsque les parties ne se sont pas* « *pourvues par la voie criminelle.* » D'où la conséquence que les juges de paix ne connaissent point des mêmes actions civiles lorsque les parties se sont pourvues par la voie criminelle. Mais cela prouve-t-il en quelque façon que les parties qui se sont pourvues par la voie criminelle ne peuvent pas revenir sur leur premier choix et s'adresser à la juridiction civile (1)?

Du reste, la partie lésée ne serait pas recevable à abandonner la voie criminelle pour la voie civile, après que le débat aurait été engagé à l'audience, si sa retraite tardive pouvait être considérée comme déterminée par la prévision d'un jugement peu favorable à ses prétentions, et si le prévenu insistait pour que le tribunal saisi statuât sur l'une et l'autre action. Il est bien entendu que si la plainte de la partie civile a été suivie d'un jugement qui la déboute de sa demande, elle ne peut plus transporter son action devant la juridiction civile; il y a chose jugée sur son action.

III. La partie lésée, quand elle n'a pas formellement renoncé à son action ou quand elle ne s'est pas constituée avant toute poursuite, peut intervenir dans les poursuites engagées à la requête du ministère public

(1) M. Le Sellyer (*Droit criminel*, t. V, p. 459 et su v.), combat l'opinion de Merlin et celle de Mangin ; sans doute pour concilier tout le monde, il propose une troisième opinion déjà présentée par Toullier, et qui consiste à repousser la règle *electâ unâ viâ* dans tous les cas où la loi ne s'en est pas formellement expliquée. Cette doctrine ne tient aucun compte des traditions de la jurisprudence qui, en matière criminelle surtout, ont bien quelque valeur. Les arguments de texte que produit M. Le Sellyer (loi de 1838, art. 5 et art. 67, Cod. instr. crim.) n'apportent aucune lumière dans la discussion, et quand cet auteur ajoute que la maxime *electâ unâ viâ* n'est fondée sur aucun argument de raison, toutes les preuves qu'il prétend donner de cette assertion, pour le moins hasardée, tendent à établir qu'elle n'est pas moins rationnelle qu'équitable.

et se porter partie civile dans le cours de l'instruction.

Cette règle, admise de tout temps, est consignée
dans l'art. 67 du Code d'instr. crim. : « Les plaignants
« pourront se porter partie civile *en tout état de cause*
« *jusqu'à la clôture des débats.* » On ne comprendrait pas
que le ministère public, en prenant l'initiative de la
poursuite, pût priver la partie lésée par un délit du
droit de porter son action devant la juridiction criminelle. Des difficultés graves se sont élevées sur la
limite où le droit de cette partie expire, soit devant le
tribunal correctionnel, soit devant la cour d'assises.
Ce sont des questions de procédure qu'il n'entre pas
dans mon plan d'examiner; il me suffira d'avoir posé
le principe. J'ajouterai une seule observation ; les parties lésées peuvent seules intervenir dans les procès
criminels, et leur constitution en qualité de partie
civile est la forme de cette intervention. Des tiers ne
pourraient pas entrer dans la cause sous le prétexte
qu'ils ont été injuriés ou diffamés dans les actes de la
procédure ou pendant les débats; il est impossible
d'admettre qu'une poursuite criminelle, qui doit être
essentiellement une et rapide, se complique d'incidents
qui en entraveraient inutilement le cours. Si quelque
préjudice atteint des tiers, ils doivent se pourvoir en
leur nom par une plainte particulière (1).

(1) Faustin Hélie, II, p. 188.

SECTION III.

Responsabilité des parties civiles.

La partie civile est responsable de l'exercice de son action : c'est encore un point que j'examinerai très-brièvement. Le principe de cette responsabilité et les conséquences que la législation en a tirées ne peuvent donner lieu à aucune controverse.

La partie civile peut d'abord encourir une peine corporelle lorsque son accusation est calomnieuse (article 373 C. pénal); or, la plainte n'est qu'une forme de la dénonciation : comme la dénonciation, elle porte un fait punissable à la connaissance des magistrats chargés d'en assurer la répression. Il semble même, comme l'a fait remarquer Merlin (*Rép.*, v° *Calomniateur*), que les parties civiles convaincues de calomnie sont plus coupables que les simples dénonciateurs, car elles prennent une part active à la poursuite et cherchent à s'enrichir des dépouilles de leur victime.

Elle peut encourir une condamnation à des dommages-intérêts en vertu du principe général que quiconque a causé un dommage à autrui est obligé à le réparer (art. 66, 159, 191 et 358 C. inst. crim.). Elle ne peut y échapper qu'en prouvant que son accusation était fondée sur une erreur juste, car alors elle est exempte de toute faute, même d'une simple témérité.

Enfin, elle peut encourir la condamnation aux frais

du procès; c'est une maxime générale de notre droit que toute partie qui perd son procès en supporte les dépens, utile barrière opposée aux poursuites légères et inconsidérées (art. 162, 194 et 368 C. inst. crim.).

CHAPITRE V.

Suspension de l'action civile.

Maîtresse de son action, la partie civile, nous le savons, peut l'intenter quand elle le juge à propos, elle n'est pas obligée d'attendre la poursuite du ministère public, et tandis que l'action publique est, en certains cas, subordonnée à la plainte des parties lésées, les parties lésées, au contraire, libres de toute entrave et de toute condition dans l'exercice de leur droit de plainte, sont complétement maîtresses de leur initiative.

Cette règle cependant reçoit deux restrictions, l'action civile est suspendue dans deux cas : le premier, lorsqu'elle a été portée devant la juridiction civile, jusqu'à ce que l'action publique exercée contre la même personne et à raison du même fait, ait été définitivement jugée; le second, lorsqu'elle dérive d'un fait qui se rattache aux fonctions d'un agent du Gouvernement, jusqu'à ce que l'autorisation de suivre contre cet agent ait été obtenue du conseil d'État.

SECTION I.

Suspension de l'action civile à raison de l'exercice de l'action publique.

La partie civile, nous l'avons dit, peut saisir de son action la juridiction criminelle devant laquelle est portée l'action du ministère public; elle peut aussi la porter directement devant les tribunaux civils. En ce dernier cas, la procédure est suspendue si l'action publique est exercée soit avant, soit pendant l'instance, jusqu'à ce qu'elle ait été définitivement jugée. Cette règle déposée dans l'article 3 du Code d'instruction criminelle, se formule en l'adage connu : *Le criminel tient le civil en état.* La juridiction civile est acquise à la partie qui l'a choisie; seulement elle doit attendre pour le jugement de sa cause l'issue du procès criminel.

Mais si les faits qui donnent lieu à l'action civile n'ont pas provoqué l'action publique, si la répression n'en est pas poursuivie, le juge civil ne peut pas surseoir. En effet, le sursis n'est que la conséquence de l'existence simultanée de deux actions fondées sur les mêmes faits et dont l'une doit tenir l'autre en état. Il ne suffit pas que les faits qui servent de base à l'action civile constituent des crimes, des délits ou des contraventions, il faut de plus qu'il y ait une poursuite du ministère public. La plainte ou la dénonciation que la partie aurait portée postérieurement à l'introduction de l'instance civile, ne constitue pas l'exercice de l'action publique tant que cette action n'a pas été mise en mouvement par les fonctionnaires à qui elle appartient, le tribunal civil ne peut pas ordonner le sursis et le demandeur lui-même ne peut pas le réclamer; l'affaire entamée doit être poursuivie. (Cass., 16 juin 1829; trib. de commerce de la Seine, 13 octobre 1830.)

On suit des règles différentes en matière de faux (art. 239 et 240 C. proc. civ., 460 C. inst. crim.) : par cela seul que le juge civil reconnaît dans une procédure des indices de faux ou de falsification, il est autorisé à provoquer l'action publique et à surseoir au jugement de la contestation.

A quelles conditions la suspension de l'action civile est-elle subordonnée? Il est évident d'abord que le sursis ne doit être prononcé qu'autant que l'action publique et l'action civile sont relatives au même fait. En effet, si la loi a prescrit cette mesure, c'est pour éviter que la même affaire fût jugée simultanément par deux juridictions différentes et devînt peut-être l'objet de deux sentences contradictoires; si les actions naissent de faits différents, les deux jugements ne peuvent exercer l'un sur l'autre aucune influence. Ainsi, des poursuites en faux témoignage dirigées par le ministère public contre des témoins qui ont déposé dans une enquête civile, ne peuvent pas autoriser à surseoir au jugement du procès qui a donné lieu à cette enquête. (Cass., 5 janvier 1822.)

Mais le sursis doit être prononcé dès que le même fait est la base des deux actions, lors même qu'elles ne seraient pas dirigées contre la même personne. Par exemple, une instance est engagée devant le tribunal civil en restitution d'une somme payée, en vertu d'un titre faux, au porteur de ce titre, possesseur de bonne foi; pendant cette instance, l'action publique est dirigée contre un tiers, auteur présumé de la falsification; il y a lieu de surseoir, puisque les deux actions dépendent de l'appréciation du même fait. (Paris, 2 juin 1831.)

La deuxième condition de la suspension est que l'action publique soit réellement engagée. Pour que cette action soit considérée comme engagée, pour que le tribunal civil soit dans l'obligation de surseoir, il suffit que le ministère public ait donné son réquisitoire au juge d'instruction à fin d'informer; peu importe que le juge d'instruction ait ou n'ait pas décerné un mandat contre l'inculpé; sur ce réquisitoire, l'action publique est mise en mouvement et le vœu du Code d'instruction est rempli. (Cass., 18 novembre 1812.) Nous avons démontré plus haut (chap. I, sect. 2) que la plainte de la personne lésée, avec constitution de partie civile, ne suffit pas pour engager l'action publique, si le ministère public refuse de sortir de son inaction;

dès lors, le tribunal civil peut et doit refuser la sur-
séance (Cass. 10 avril 1810). Cette décision s'applique-
rait à plus forte raison au cas où la plainte ne serait
que le renouvellement d'une première plainte déjà appréciée par la justice (Paris, 11 juin 1825).

Mais ici une difficulté se présente : nous savons que
la partie lésée qui a pris d'abord la voie civile ne peut
revenir ensuite à la voie criminelle. Ne faudrait-il pas
conclure de là que le demandeur qui a saisi le tribunal
civil, doit être déclaré non recevable à réclamer le sursis, lorsque, l'action publique étant mise en mouvement, il se porte partie civile devant le juge d'instruction? Cette conséquence ne serait pas exacte; sans
doute la partie ne peut, après avoir saisi les tribunaux
civils, porter son action devant les tribunaux criminels;
mais c'est à ceux-ci seulement qu'il appartient de prononcer sur la non-recevabilité de cette action. L'action
publique est intentée, le sursis est de droit, et les juges
civils doivent le prononcer, sauf à reprendre l'instance
après que la juridiction crimiminelle aura repoussé la
partie civile par une fin de non-recevoir.

Lorsque les deux conditions auxquelles est subordonnée la suspension de l'action civile, existent et sont
constatées, le sursis doit être prononcé à peine de nullité. Le tribunal civil, en effet, cesse d'être compétent
et le jugement qu'il prononcerait constituerait un excès
de pouvoir; la nullité de ce jugement est donc une
nullité de droit public; comme le remarque l'arrêt
du 22 messidor an VII, elle n'est point de celles qui

procèdent du fait des parties ou de leurs défenseurs.

Mais comment entendre ces mots de l'article 3 : *Tant qu'il n'a pas été prononcé définitivement sur l'action publique?* Est-ce à dire qu'une ordonnance du juge d'instruction, qu'un arrêt de la chambre d'accusation portant qu'il n'y a lieu de suivre contre le prévenu, ne suffiraient pas pour rendre à l'action civile son libre cours? Ces ordonnances, ces arrêts n'empêchent pas la reprise des poursuites, s'il survient des charges nouvelles; ils ne prononcent pas *définitivement* sur l'action publique. Mais alors le procès civil va rester en suspens pendant tout le temps exigé par la loi pour la prescription de l'action publique, jusqu'à ce que la reprise de cette action soit devenue impossible? C'est aller trop loin et il faut entendre sainement l'article 3; il a été prononcé définitivement sur l'action publique, dans le sens de cet article, toutes les fois que la juridiction criminelle se trouve, au moins quant à présent, dessaisie: il a été prononcé définitivement, *eu égard à l'état de la procédure.*

SECTION II.

Suspension de l'action civile, lorsque le fait se rattache aux fonctions d'un agent du Gouvernement.

Toute action mauvaise doit être punie, d'où qu'elle vienne, et quelque élevé que soit le rang de celui qui l'a commise; tout préjudice causé aux intérêts privés doit être réparé, et la garantie promise par la loi aux droits des citoyens ne serait qu'un vain mot, si l'auteur du préjudice pouvait se retrancher derrière sa qualité et son caractère public pour échapper à la responsabilité de ses actes délictueux. C'est d'ailleurs un principe inscrit en tête de nos différentes constitutions, que tous les Français sont égaux devant la loi; d'où il résulte que l'action publique et l'action civile s'appliquent à toutes personnes indistinctement.

Cependant, on a pensé que, sans les soustraire à l'empire des lois, il était bon de donner à certaines personnes investies de fonctions publiques ou armées d'un pouvoir politique, des garanties sérieuses contre des poursuites téméraires ou calomnieuses. Cette idée n'est pas nouvelle; on la retrouve dans les législations anciennes. A Rome, le jugement des fonctionnaires publics qui avait appartenu, sous la République, aux *Questiones perpetuæ*, devint sous l'Empire l'objet d'une juridiction privilégiée, d'abord le Sénat, plus tard le Préfet du Prétoire ou le Préfet de la ville, au moins quand il s'agissait des citoyens revêtus des grandes charges de l'État; quant aux autres officiers de l'Empire, il semble résulter d'un ensemble de dispositions quelque peu vagues et confuses, que le prince se réservait l'appréciation de l'utilité et des charges de la poursuite (*voy.* loi 3, Cod. *Ubi senatores*).

Notre ancien droit nous présente également un ensemble de règles destinées à protéger les fonctionnaires publics, dont le principe est que les officiers inférieurs doivent être jugés par leurs supérieurs, à raison des délits commis dans l'exercice de leurs fonctions. Si l'on considère qu'à cette époque l'ordre administratif n'était pas encore séparé de l'ordre judiciaire, que toutes les juridictions spéciales appartenaient autant à l'administration qu'à la justice, on verra que l'administration publique n'avait point d'intérêts qui ne fussent protégés par des juridictions émanant d'elle et constituant l'un de ses éléments. Ce système, sans contredit plus rassurant pour la liberté civile que les formes du despotisme romain, n'était pas sans donner prise aux critiques; on pouvait se demander quelles garanties offrait aux citoyens cette juridiction de famille qui renfermait nécessairement le droit de ne donner aucune suite aux plaintes et d'arrêter le cours des actions les plus légitimes, sous prétexte de fermer la porte aux calomnies et aux poursuites téméraires. Un des criminalistes les plus sages du xviie siècle, Bruneau (*Max. sur les mat. crim.* p. 296), s'était fait l'écho de ces critiques et il écrivait : « Il est à désirer que la concession de certains priviléges soit rare; il semble souvent qu'ils ne soient accordés que pour donner plus de liberté à vexer le public et mal faire sans être repris. »

Il semble que l'Assemblée constituante devait comprendre dans son magnifique programme d'institutions libres la réformation d'un état de choses aussi contraire aux droits des citoyens qu'elle voulait sauvegarder, qu'à la liberté générale qu'elle avait la prétention d'asseoir sur des bases inébranlables. Nous allons voir ce qu'elle a fait, les principes qu'elle a posés, et comment ils furent appliqués par les gouvernements qui suivirent. Je sens que je touche ici à une matière délicate; je ne la traiterai qu'avec une extrême réserve; mes opinions pourront paraître hardies à plusieurs personnes, mais comme les idées que j'examine ne sont pas nouvelles, qu'elles ont été, à plusieurs reprises, développées soit à la tribune (1), soit dans des ouvrages de la plus haute valeur (2), j'espère qu'on me pardonnera d'avoir osé donner à mon tour le plus humble avis sur un sujet si grave. Les principes que j'invoque sont incontestables; je puis en faire une fausse application; mais si je me trompe, je pourrai du moins me retrancher derrière des autorités respectables.

Écartons tout d'abord ce qui concerne la *garantie politique;* elle ne présente pas de difficultés en ce qui regarde l'action civile, et les modifications qu'elle apporte à la liberté de l'action publique paraissent suffisamment justifiées.

Dès le début de ses travaux, l'Assemblée constituante avait proclamé l'inviolabilité de ses membres et cette inviolabilité dérive de la nature des pouvoirs de toute assemblée politique; aussi a-t-elle été confirmée par les différentes constitutions qui ont successivement régi la France. En aucun temps, les députés ne peuvent être recherchés, accusés ni jugés pour les opinions par eux émises du au sein du Corps législatif: pendant la

(1) Voy. le Rapport de M. Sauzet à la Chambre des députés et le projet de loi présenté par le gouvernement dans la session de 1835.

(2) Faustin Hélie, III, p. 281 et suiv.

session, ils ne peuvent être poursuivis, ni arrêtés en matière criminelle, sauf le cas de flagrant délit, qu'après que la Chambre a autorisé les poursuites (1). Lorsqu'une deuxième Chambre fut introduite dans l'organisation du pouvoir législatif, la même garantie fut appliquée à ses membres. On fit plus, on leur donna une juridiction spéciale, en raison du caractère plus élevé de leurs fonctions. Les sénateurs ne peuvent être poursuivis en matière criminelle que sur l'autorisation du Sénat et ils sont traduits devant la haute Cour de justice (2).

Les membres du pouvoir exécutif ne sont pas restés sans une protection analogue; aujourd'hui, les ministres sont, pour leurs délits privés aussi bien que pour leurs crimes politiques (en ce dernier cas, lorsqu'il ont été mis en accusation par le Sénat), jugés par la haute Cour de justice, de même que les conseillers d'État et les grands dignitaires de l'Empire, et nous en référant aux articles 70 et 71 de la loi du 22 frimaire an VIII qu'aucune disposition postérieure n'a formellement abrogés, nous devons admettre que l'autorisation du conseil d'État est nécessaire pour les mettre en jugement, lorsque le délit est de nature à entraîner une peine afflictive et infamante.

Ces différentes personnes, soit qu'une autorisation préalable les protège, soit qu'une juridiction extraordinaire leur soit réservée, jouissent de la garantie politi-

(1) Décret régl. du 2 février 1852, art. 9 à 11.
(2) Sénat.-cons. du 13 juin 1858, art. 1 et 6.

que pour toutes les poursuites dirigées contre elles, sans qu'il y ait lieu de distinguer si les crimes ou délits qui motivent les poursuites ont été commis dans l'exercice ou hors de l'exercice de leurs fonctions. Pour assurer l'indépendance du pouvoir politique, cette garantie vient assurer l'indépendance des personnes qui l'exercent, en les mettant à l'abri des attaques souvent injustes, toujours passionnées que les partis sont trop tentés de diriger contre ceux qui ont l'autorité pour mieux ébranler l'autorité qui les gêne. Comme en matière politique surtout, il est difficile de séparer l'homme de la fonction, la garantie s'applique à tous les actes de la personne, qu'ils appartiennent à sa vie publique ou à sa vie privée; c'est le pouvoir lui-même que la loi entend protéger et les poursuites dirigées contre la personne, quelle qu'en fût la cause, auraient pour premier effet de troubler ou de suspendre l'exercice de la fonction. Tels sont les motifs d'une garantie spéciale pour les personnages politiques, motifs d'une incontestable gravité qui justifient la dérogation au droit commun, les modifications apportées à l'exercice de l'action publique. D'ailleurs, qu'on ne l'oublie pas, le cours de la justice n'est pas suspendu en faveur du personnage politique; le coupable n'est pas arraché à l'empire des lois; mais le pouvoir politique dont il est armé reste en dehors de l'influence du pouvoir judiciaire. Et que les partisans à outrance du droit commun ne crient pas au mépris des droits des citoyens; les intérêts privés sont hors de cause. Les textes de lois qui créent les immunités dont il s'agit, ne parlent en effet que de la *poursuite criminelle*; le législateur a voulu protéger la liberté de la personne pour que la fonction politique pût s'exercer avec indépendance ; il n'a donc point dû étendre sa protection jusque sur les intérêts civils de cette personne. La garantie politique s'appliquant à tous ses actes, même en dehors de la fonction, fondée, non sur le caractère des faits, mais sur la qualité de la personne, ne saisit que les délits, pour l'application de la peine (1).

Si l'on a, en somme, peu d'objections à faire à cette partie de la législation que les plus sérieuses considérations d'indépendance nécessaire aux pouvoirs de l'État, de liberté d'action indispensable à ceux qui sont investis de la puissance politique, expliquent et justifient, il est moins facile de défendre une autre conséquence que l'Assemblée constituante crut devoir tirer du principe salutaire de la séparation des pouvoirs, je veux parler de la *garantie administrative*. C'est surtout ici qu'éclate la profonde défiance que les réformateurs de 1789 apportèrent contre les corps judiciaires et qui fait le fond de plusieurs de leurs innovations. Les parlements avaient voulu étendre le cercle de leur influence et de leur juridiction en dehors des matières judiciaires; non contents des attributions administrati-

(1) Cependant l'action civile elle-même tombe, en certains cas, devant l'inviolabilité parlementaire ; les sénateurs et les députés ne sont pas judiciairement responsables des discours diffamatoires ou injurieux pour des tiers qu'ils ont prononcés à la Chambre.

ves que la constitution de l'État leur donnait, ils avaient prétendu à la surveillance de l'administration tout entière. Il était bon de restreindre la nouvelle magistrature dans les limites de son autorité naturelle; il était inutile, il était dangereux, après avoir arraché l'administration des mains de la justice, de pousser la réaction jusqu'à subordonner l'autorité judiciaire à l'administration. C'est cette réaction qui donna naissance à la juridiction administrative que ni la raison, ni les principes ne justifient si on doit l'étendre en dehors de certaines matières toutes spéciales dans lesquelles, à vrai dire, il ne s'agit pas de distribuer la justice, de trancher les contestations naissant d'intérêts opposés. C'est encore cette réaction qui fit attribuer à l'autorité administrative la direction des prisons (1) que, dès 1808, MM. Treilhard, Berlier et Cambacérès revendiquaient pour la magistrature (2).

L'article 13, titre II, de la loi des 16-24 août 1790 pose le principe d'où l'on a fait sortir la garantie administrative : « Les fonctions judiciaires sont distinctes « et demeureront toujours séparées des fonctions ad- « ministratives. Les juges ne pourront, à peine de for- « faiture, troubler, de quelque manière que ce soit, « les opérations des corps administratifs , ni citer « devant eux les administrateurs à raison de leurs « fonctions. » Peut-être, si l'on se trouvait en présence

(1) Loi du 23 décembre 1789.

(2) Procès-verbaux du Conseil d'État; séance du 16 août 1808; Locré, xxviii, p. 111.

de ce seul texte, serait-on autorisé à soutenir que
le législateur de 1790 n'a eu d'autre pensée que de restreindre les tribunaux dans des attributions purement
judiciaires, de leur défendre d'empiéter sur le terrain
des matières administratives. Mais un texte net et précis, sorti évidemment du cœur des réformes nouvelles,
vient trancher toute difficulté. L'article 75 de la Constitution du 22 frimaire an VIII porte : « Les agents du
« Gouvernement, autres que les ministres, ne peuvent
« être poursuivis pour des faits relatifs à leurs fonc-
« tions, qu'en vertu d'une décision du conseil d'État :
« en ce cas, la poursuite aura lieu devant les tribunaux
« ordinaires (1). »

Nous avons dit que la garantie politique est personnelle, c'est-à-dire qu'elle couvre tous les actes de la
personne publique, qu'ils soient ou non relatifs à
l'exercice de ses fonctions, l'indépendance du pouvoir
politique demandant que ceux qui l'exercent ne soient
point gênés dans leur liberté d'action par une poursuite
qui aurait pour premier effet de mettre entre les mains
des tribunaux, sur la plainte la plus injuste et la plus
irréfléchie, la considération et la dignité de l'un des
grands corps de l'État. Bien différente est la garantie
administrative ; il est évident que la marche de l'administration ne serait point entravée par une action judiciaire dirigée contre l'un de ses agents ; le préposé d'une
administration publique n'est que l'instrument momen-

____

(1) Aj. les articles 127 et 129 du Code pénal qui contiennent la
sanction de cette disposition.

tané d'un pouvoir qui subsiste en dehors de lui-même. C'est pour la protection de ce pouvoir, et non de ses instruments, que la garantie a été instituée; d'où il suit qu'elle ne doit s'appliquer qu'aux actes du préposé qui émanent de ses fonctions.

Par quelle suite de raisonnements a-t-on été amené à dire que l'indépendance de l'administration serait menacée par la liberté pleine et entière des poursuites judiciaires, à l'égard des actes délictueux commis par ses agents? Il ne peut y avoir impunité pour des faits coupables, parce que ces faits proviennent de fonctionnaires publics, et ce n'est pas parce que ces fonctionnaires sont censés avoir agi pour le service de l'État qu'ils sont dispensés de réparer les dommages qu'ils ont illégalement causés. Mais il n'est pas moins vrai que les citoyens qui sont investis d'une part de l'autorité publique sont continuellement exposés à froisser mille intérêts particuliers, et que, s'ils doivent répondre à toutes les plaintes plus ou moins fondées que pourront leur susciter les haines soulevées par le rigoureux accomplissement de leurs devoirs, on verra se refroidir singulièrement leur zèle, en sorte que la fonction elle-même se trouvera entravée par les poursuites qui vont assaillir le fonctionnaire consciencieux. Il importe donc à l'administration que ses agents ne soient pas à la merci des rancunes privées, que leur indépendance soit couverte par une protection efficace. En quoi consistera cette protection? Voilà toute la question.

La garantie doit se borner à vérifier les faits incriminés, à examiner s'ils ont été l'exercice légal d'une fonction publique. Puisque l'autorité judiciaire est chargée de poursuivre les faits délictueux, il n'y aurait rien de plus naturel que de lui abandonner le soin d'apprécier la légalité des faits ; ce serait lui laisser ses attributions ordinaires. Mais, a-t-on dit, si à propos d'un délit commis par un agent administratif dans l'exercice de ses fonctions, les magistrats de l'ordre judiciaire peuvent s'emparer de la plainte, procéder à une enquête, critiquer ou condamner l'usage de la fonction, il arrivera nécessairement que les tribunaux s'immisceront dans l'administration, qu'ils s'arrogeront sur elle un droit de surveillance, puisqu'ils auront à prononcer sur des actes administratifs. Bien mieux, les magistrats sont-ils à même d'apprécier toutes les circonstances où se trouvent placés les fonctionnaires publics? Peuvent-ils juger les considérations politiques qui les ont fait agir? N'est-il pas à craindre qu'ils n'apportent dans l'examen de faits qui, le plus souvent, ne laisseront à reprendre que d'inoffensives irrégularités de formes, tout le rigorisme des habitudes judiciaires? L'application de la garantie ne peut donc être sainement faite que par une autorité placée dans la même sphère d'attributions que l'individu qu'il s'agit de poursuivre, pouvant apprécier les circonstances qui ont dirigé sa conduite, connaissant les devoirs et les droits de sa position (1).

(1) Voy. le Discours prononcé par M. Vivien à la Chambre des députés les 21 et 26 mars 1833.

Il y a beaucoup à répondre à cette argumentation. D'abord est-il bien vrai de dire que le droit d'enquête de l'autorité judiciaire, relativement à des actes administratifs qui présentent le caractère de crime ou de délit, constitue une immixtion dans l'administration, un droit de surveillance sur les fonctionnaires publics? L'autorité judiciaire est instituée pour réprimer les infractions à la loi, de quelque part qu'elles viennent; elle s'adresse aux coupables et ne juge que les faits consommés, sans acception de personne. Est-ce un acte administratif qu'elle apprécie? Non, c'est un acte délictueux. Lui faut-il, pour juger un fait punissable, s'attribuer la moindre partie des pouvoirs de l'administration? Non, elle ne fait qu'exercer son propre pouvoir en réprimant les atteintes portées à la loi: elle n'examine pas le fait au point de vue administratif, elle l'examine au point de vue pénal; en punissant, elle ne surveille pas; car qui dit *punition*, dit fait coupable considéré en lui-même; qui dit *surveillance*, dit vérification d'une série de faits, un examen général des actes d'une fonction. Si, pour juger, le magistrat doit se livrer à une enquête, s'il doit envelopper dans son examen toutes les circonstances qui se rattachent à la perpétration du fait, cet examen ne constituera pas un contrôle, puisqu'il s'agit de vérifier et non de critiquer. Ou je me trompe fort, ou il n'est pas dans les habitudes de nos tribunaux d'apporter dans leurs enquêtes cette légèreté, cette imprudence ou cette malignité qui pourraient les rendre redoutables à l'administration.

En quoi l'indépendance du pouvoir administratif est-elle menacée? Ce qu'il faut protéger, c'est l'usage légal, non l'abus de la fonction. Ce que les tribunaux veulent atteindre, c'est l'abus de la fonction, non la liberté d'action du fonctionnaire. Les fonctionnaires publics ne sont pas les instruments aveugles d'une puissance occulte et fatale; ils sont responsables de leurs actes; mais n'est-ce pas les débarrasser d'une bonne part de cette responsabilité, que subordonner à la volonté de l'administration les poursuites suscitées par des actes abusifs de ses préposés?

Les réclamations des citoyens ne sont pas toujours injustes et passionnées, et, si l'indépendance du pouvoir administratif est nécessaire, les droits des particuliers sont respectables. C'est, semble-t-il, exagérer l'indépendance de ce pouvoir que de mettre les intérêts privés à la merci de son bon vouloir. En somme, l'administration peut permettre ou étouffer à son gré les plaintes fondées sur des faits illégaux, sur des excès de pouvoir commis par ses agents, mandataires de la société pour le bien public, les tribunaux institués pour faire observer la loi et donner satisfaction aux intérêts illégitimement froissés, doivent rester silencieux devant la loi violée, devant un dommage causé sans droit, tant que l'autorisation de poursuivre n'a pas été obtenue de la partie en cause; car n'est-il pas vrai que l'administration est à la fois juge et partie? L'action publique n'appartient qu'aux officiers à qui elle a été confiée par la loi (art. 1, Cod. instr. crim.); n'est-il pas vrai qu'elle passe en quelque sorte des mains du ministère public dans celle du conseil d'État, puisque ce conseil est maître de l'arrêter? Ainsi, pour ne pas donner aux magistrats des attributions administratives (1), on a donné à un corps administratif des attributions judiciaires.

Puisqu'il faut aux agents de l'administration une protection contre les plaintes injustes et légères, ne peut-on pas, avec le projet présenté en 1835 à la Chambre des députés, leur donner la garantie plus haute de la délibération de la cour impériale, que les articles 479 et suivants du Code d'instruction ont appliqué aux magistrats de l'ordre judiciaire? Cette juridiction, d'autant plus impartiale qu'elle est plus élevée, me paraît présenter aux plus difficiles toutes les conditions de maturité qui assurent une bonne justice. De cette manière, chacun reste dans ses attributions; les citoyens sont couverts par la loi et les tribunaux sans en être réduits à solliciter d'un corps administratif l'autorisation de poursuivre un agent de l'administration;

(1) Il suffisait de maintenir chaque autorité dans la sphère de ses fonctions naturelles, pour éviter tout empiétement inconstitutionnel. Les tribunaux n'ont qualité que pour statuer sur la réparation due à la société dont la loi est violée, au citoyen dont les droits sont lésés; ils n'ont pas à juger la loi ni les pratiques administratives. D'où il suit que lors même que le magistrat accueillerait la plainte, l'acte dommageable n'en sortirait pas moins son effet; les mesures contre lesquelles on proteste ne seraient pas suspendues. Si le fonctionnaire est en cause à l'occasion de ses actes, l'action administrative ne se trouve ni entravée ni retardée.

les fonctionnaires n'ont plus à redouter le débordement des rancunes locales ; bien mieux, ne sont-ils pas protégés encore par les demandes reconventionnelles qu'ils sont en droit d'opposer à leurs agresseurs, pour diffamation à leur honneur, offense à leur dignité, trouble dans l'exercice de leurs devoirs, et par cette action reconventionnelle en dommages-intérêts, ne tiendront-ils pas facilement à distance les attaques téméraires, injustes et passionnées ?

On a proposé aussi de n'admettre l'action que contre les chefs de service qui auraient refusé de faire droit aux justes plaintes portées contre leurs subordonnés. Il arrive souvent que le délit consiste simplement dans quelque abus de la fonction, que le fonctionnaire inculpé se met à l'abri d'un ordre de son supérieur hiérarchique ; la poursuite doit remonter jusqu'où remonte la responsabilité. Ne pourrait-on pas donner en tous les cas au préposé en chef de chaque administration, la faculté d'assumer la responsabilité du fait incriminé, et de dégager ainsi l'agent inférieur de la poursuite ? Alors, ce n'est pas sans un droit bien évident qu'un simple citoyen ira se mettre en lutte avec un personnage de quelque importance (1), et si le chef administratif

---

(1) Que si la responsabilité de l'ordre doit remonter jusqu'au ministre, l'action, au lieu d'un agent administratif, rencontre un fonctionnaire politique ; elle s'arrête parce que ce fonctionnaire a droit, à raison de la nature de sa dignité, à une protection extraordinaire. La garantie administrative fait place à la garantie politique devant laquelle je m'incline.

déclare n'avoir pas donné d'ordres, si l'agent inférieur a agi de son propre mouvement, on cherche en vain l'utilité d'un recours au conseil d'État, on peut se demander à quoi sert la formalité de l'autorisation, sinon à entraver l'exercice d'un droit légitime.

Dans l'état actuel de la législation, M. Mangin lui-même, partisan déclaré de la garantie administrative, convient que le vague de ces expressions de l'art. 75 *Agents du Gouvernement*, mène à un arbitraire peu rassurant pour la liberté civile (1). En effet, on a vu les termes du commentaire de la Cour de cassation s'élargir sans cesse; après avoir déclaré, le 26 décembre 1807, (sur les conclusions du procureur général Merlin) « que l'article 75 ne peut s'entendre que des fonctionnaires publics qui sont tellement sous la dépendance du Gouvernement, qu'ils ne peuvent jamais avoir, dans l'exercice de leurs fonctions habituelles et journalières, d'autre opinion que la sienne, ne tenir une conduite opposée à celle qu'il leur trace, soit par lui-même, soit par ses agents inférieurs..., » elle en est venue à juger (7 mai 1816) « que, dans le sens de l'article 75, les agents du Gouvernement doivent s'entendre des individus *désignés par le Gouvernement pour exercer une portion quelconque d'autorité publique.* »

Si la garantie a pour but de dégager la marche de l'administration des entraves qu'y pourraient apporter la passion ou la légèreté des citoyens, on doit l'appliquer

(1) T. II, p. 16.

seulement aux actes des fonctionnaires qui, délégués directs et immédiats du pouvoir exécutif, exercent réellement l'action administrative ; les agents inférieurs ne participent que d'une manière assez éloignée à ses mouvements ; les poursuites dirigées contre eux ne l'embarrassent pas assez pour que l'indépendance de l'administration exige une dérogation quelconque au droit commun. Ce qu'on veut protéger, répète-t-on, ce n'est pas le fonctionnaire, c'est le pouvoir administratif; consentez donc à ne protéger le fonctionnaire qu'autant que, par sa position, par la nature du pouvoir qui lui est délégué, il s'identifie en quelque sorte avec le Gouvernement. La définition de l'arrêt du 26 décembre 1807 était, selon nous, dans les règles du droit; M. Merlin qui l'avait écrite dans son réquisitoire, l'explique parfaitement en disant qu'il n'y a lieu à l'application de la garantie que lorsqu'il est à craindre qu'en exécutant les ordres du Gouvernement, l'agent soit exposé aux poursuites de la justice. C'est, sans contredit, ce qu'avait voulu l'Assemblée constituante, dans la loi des 16-24 août 1790, en défendant aux juges de citer devant eux *les administrateurs pour raison de leurs fonctions* (1).

Il est utile de remarquer que c'est surtout appliquée aux préposés d'un ordre inférieur, que la garantie produit ses plus fâcheux effets, que son usage devient le plus périlleux; car elle rend le Pouvoir lui-même

(1) *Conf.*, art. 127, code pénal.

solidaire des fautes de ses moindres agents. Ici, comme partout ailleurs, à mesure qu'on descend les degrés de l'échelle, on trouve la modération et l'impartialité diminuant avec les lumières et la puissance; c'est l'administration proprement dite, je veux dire les fonctionnaires supérieurs qui, dans la rigueur des principes, devraient seuls réclamer la garantie, et ce sont eux qui en ont le moins besoin; en sorte qu'on aurait sans doute été peu tenté de relever les vices généraux du système, si la jurisprudence s'était montrée plus réservée dans son application. Au reste, cette observation ne détruit pas ce que j'ai dit dans ma discussion; et je maintiens que l'institution de la garantie qu'on prétend destinée à sauver le principe salutaire de la séparation des pouvoirs, n'en est qu'une manifeste violation.

On admettrait encore que l'autorisation du pouvoir administratif fût nécessaire pour diriger contre ses agents des poursuites criminelles; outre que de pareilles poursuites peuvent blesser la dignité de l'administration, il est possible de soutenir que sa marche s'en trouverait parfois entravée. Mais qu'un citoyen atteint dans ses intérêts par les actes illégaux d'un fonctionnaire public, ne puisse réclamer la réparation du préjudice injustement souffert, c'est ce qui paraît moins facile à concevoir; l'action administrative n'est pas suspendue, l'agent n'est pas arraché à ses fonctions, et en quoi la considération due à l'administration serait-elle diminuée par le débat civil qui s'engage entre un de ses préposés et un citoyen? Cependant, quand on examine le but et le caractère de la garantie administrative, on est forcé de convenir que l'action civile, aussi bien que l'action publique, s'arrête devant les délits d'un fonctionnaire public. La garantie protége non la personne du fonctionnaire, mais les actes du pouvoir exécutif; elle les place à l'abri du contrôle de l'autorité judiciaire; si l'action civile n'attaque pas, comme l'action criminelle, la personne de l'agent, elle s'empare comme elle du fait objet de la plainte, elle le vérifie, elle le juge, et si l'administration refuse de donner l'appréciation de ses actes à la juridiction criminelle, ce n'est assurément pas pour les livrer à la juridiction civile.

Plusieurs cours, en se refusant à admettre la suspension de l'action civile pour les faits se rattachant aux fonctions d'un agent du Gouvernement, ont voulu se réfugier dans la discussion grammaticale des termes de l'article 75; elles ont prétendu « que ces mots, *poursuivis pour des faits*, expriment, dans le langage ordinaire, des poursuites résultant d'actes coupables, d'abus de pouvoir, ou autres délits attribués aux fonctionnaires; que si la loi eût voulu étendre la nécessité de l'autorisation à des actions civiles, elle eût employé d'autres expressions; car, en matière civile, l'usage n'admet point cette locution inexacte *poursuivis pour des faits civils*. » (Pau, 14 juillet 1831.) La cour de Limoges (11 décembre 1837) ajoutait « qu'il est de principe qu'on doit restreindre plutôt qu'étendre les termes et l'application des lois qui gênent et modifient l'exercice des droits qui appartiennent à chacun (1). » L'article 75, d'après cette jurisprudence, ne couvrirait que les délits, non les simples fautes civiles ; mais un abus de pouvoir n'est-il pas une faute commise dans l'exercice d'une fonction, et blessant un intérêt quelconque ? et l'on ne contestera pas que l'article 75 ne s'applique à tous les abus de pouvoir quels qu'ils soient. Le fait préjudiciable peut constituer un crime, un délit, ou une contravention ; dès lors l'action civile qui en naît peut être intentée, soit devant la juridiction criminelle, soit devant la juridiction civile ; dans notre matière, la voie criminelle est fermée au plaignant, puisque le ministère public doit garder le silence, et l'on va lui ouvrir toutes grandes les portes du tribunal civil ; mais comment peut-on faire dépendre de la voie choisie l'admissibilité de l'action ? Puisque l'autorisation est fondée sur la nature du fait, comment l'exiger ou s'en passer, suivant les formes de la poursuite ? La question n'est donc pas sérieusement douteuse et c'est en ce sens que l'a résolue la jurisprudence constante de la Cour de cassation et du conseil d'État (2).

Ce serait singulièrement élargir le cadre de ce travail que de donner une énumération complète des fonctionnaires auxquels la garantie administrative a été accordée ; les questions soulevées par l'article 75 se présen-

(1) *Conf.* Paris, 7 mai 1833.

(2) Mangin, n° 269 ; Le Sellyer, n° 872 ; Rauter, n° 659 ; Faustin Hélie, t. III, p. 199.

tent le plus souvent à propos de l'action publique, et
les différentes difficultés qu'a fait naître son application
appartiennent plutôt au droit administratif. Cependant
il n'est pas inutile de généraliser ici cette énumération,
en posant une règle capable d'embrasser tous ceux qui
jouissent de la garantie, parmi les innombrables fonctionnaires auxquels est confiée la prospérité de la société
française. D'après la Cour de cassation (arrêt du 3 mai
1838), les agents du Gouvernement sont ceux qui, dépositaires d'une partie de son autorité, agissent en son
nom, sous sa direction médiate ou immédiate, et font
partie de la puissance publique. Quelque générale que
soit cette définition, il est évident qu'on n'y peut pas
faire rentrer tous les citoyens qui, avec des missions
diverses, et dans une mesure d'influence quelconque,
coopèrent à l'action administrative ; les uns, dépositaires d'une portion de l'autorité publique, ne sont pas
sous la direction du pouvoir exécutif (conseillers généraux et municipaux, administrateurs des hospices,
etc.); les autres, soumis à la direction administrative,
n'exercent aucune action et ne sont armés d'aucun
pouvoir (employés internes des administrations, entrepreneurs de travaux ou de services publics, fermiers
de droits de passage, d'étalage, etc.). Pour que la garantie soit applicable, il faut donc cette double condition, d'abord que le citoyen soit investi d'une part
quelconque de la puissance publique, ensuite que,
tenant du pouvoir exécutif cette part d'autorité, il soit
placé sous sa direction supérieure. Il résulte de là que

la garantie constitutionnelle ne peut pas être invoquée par les fonctionnaires de l'ordre judiciaire; ils ne sont pas les agents du pouvoir exécutif, puisqu'ils constituent un pouvoir indépendant, et que leurs actes n'engagent pas la responsabilité du Gouvernement. La loi d'ailleurs a tracé pour la poursuite des crimes et délits qu'ils commettent, soit en dehors de leurs fonctions, soit dans leur exercice, des formes particulières de procédure qui sont destinées à remplacer cette garantie (art. 479 et suiv. Cod. Inst. crim.), mais qui ne paralysent pas plus l'action civile que l'action publique. Ces formes s'appliquent à tous les officiers de police judiciaire; ces officiers peuvent appartenir à l'administration comme les préfets, les maires, les commissaires de police, et jouir de la garantie administrative; mais ce n'est que pour leurs actes purement administratifs qu'ils jouissent de cette garantie : elle disparaît pour les actes qu'ils ont commis dans l'exercice de leurs attributions judiciaires.

L'article 75 n'exige l'autorisation du conseil d'État pour la mise en jugement des agents du Gouvernement, *qu'à raison des faits relatifs à leurs fonctions.* « Le délit, dit M. Rauter, est relatif aux fonctions lors seulement que celles-ci entraient dans l'acte de délinquer, par l'abus que l'inculpé en faisait en délinquant ou pour délinquer. Il n'y a donc délit relatif aux fonctions de l'agent, qu'autant que le délit se rattache directement à ses fonctions, et qu'il constitue une violation du mandat légal du Gouvernement ou un abus de sa confiance officielle. » L'abus de la fonction, l'usage illégal ou frauduleux qu'en fait l'agent, voilà ce qu'il s'agit de réprimer et qui précisément est soumis à l'appréciation administrative; car en poursuivant l'abus, les tribunaux pourraient envelopper dans leurs investigations les actes émanant de l'administration elle-même. « De là cette conséquence que le fait n'est relatif aux fonctions, que lorsqu'il renferme une application quelconque du pouvoir qu'elles confèrent, lorsqu'il constitue un acte accompli par l'agent dans sa qualité ou en vertu de son mandat (1). » La poursuite dirigée contre un fonctionnaire ne sera donc pas soumise à la nécessité de l'autorisation, si le fait sort du cercle de sa compétence, quoiqu'il ait été commis dans l'exercice de la fonction; il est très-possible, en effet, que le fait commis par l'agent, dans la durée de son service, soit complétement étranger à ce service. Les faits incriminés doivent être liés à un acte des fonctions dont ils constituent soit une application, soit un abus; sinon l'autorisation n'a plus d'objet, puisqu'elle n'a d'autre but que de déterminer si le délit reproché est le résultat de l'autorité dont l'agent est investi, ou bien si sa fonction lui a servi soit d'instrument de perpétration, soit de moyen d'impunité.

Puisque la loi protége la fonction et non la personne du fonctionnaire, il en résulte que le fait relatif aux fonctions donne lieu à l'application de la garantie, lors

____

(1) Faust'n Hélie, t. III, p. 401.

m^me que le fonctionnaire inculpé aurait cessé de les remplir. Un avis du conseil d'État du 16 mars 1807 a fait exception à cette règle à l'égard des comptables destitués auxquels la Cour de cassation assimile assez légèrement, ce me semble, les comptables démissionnaires (Arrêt du 24 juillet 1847) (1).

Le Gouvernement représenté par le conseil d'État donne l'autorisation de mettre ses agents en jugement; mais comme ce serait surcharger inutilement le Conseil que de lui imposer l'obligation de statuer lui-même sur toutes les demandes de poursuites, différents actes du pouvoir exécutif ont délégué aux directeurs de plusieurs administrations le soin d'autoriser la mise en jugement de leurs préposés; le même pouvoir a été attribué aux préfets à l'égard des percepteurs des contributions (Arrêté du 10 floréal an X). La jurisprudence admet aussi que, lorsque la dénonciation d'un délit est faite par le chef du Gouvernement ou par le pouvoir législatif lui-même, l'autorité judiciaire peut directement entamer les poursuites. En appréciant l'acte, en le déférant à la justice, le pouvoir suprême investit du même coup les tribunaux du droit de juger les auteurs et les complices du fait dénoncé (2). Le

(1) Les deux situations sont loin d'être les mêmes; en destituant le comptable, l'administration déclare la garantie inutile; en donnant sa démission, le comptable lui-même découvre l'administration, puis" qu'il supprime de son propre chef une garantie créée dans l'intérêt de la chose publique.

(2) *Conf.*, art. 433, Code pénal.

conseil d'État qui n'est que son organe, n'a rien à faire lorsque le Gouvernement s'est prononcé.

L'article 75 ne fait point obstacle à ce que les fonctionnaires chargés de la recherche et de la poursuite des crimes et des délits, constatent ceux qui sont imputés à des agents du Gouvernement, procèdent aux informations nécessaires (Décret du 9 août 1806, art. 3). Même, une demande en autorisation de poursuites ne peut être présentée au conseil d'État que lorsqu'elle a été précédée d'une information judiciaire (Ordonnance du 2 janvier 1821). Il en résulte que la partie qui se prétend lésée ne peut s'adresser directement à lui pour obtenir cette autorisation, avant d'avoir porté plainte à l'autorité judiciaire (Ordonnance du 5 juin 1822).

Le conseil d'État statue sur le vu des informations et des renseignements produits devant lui, et à ce propos, M. Mangin (n° 265) présente les observations suivantes : « L'autorisation de poursuivre les agents du Gouvernement n'étant exigée que pour soustraire aux tribunaux la connaissance des actes ou des faits dont l'appréciation ne doit appartenir qu'au Gouvernement ou à l'administration, la mission du conseil d'État devrait se borner à examiner si quelque intérêt politique ou administratif se trouve mêlé ou compromis dans la poursuite, et si conséquemment l'autorité judiciaire est compétente pour y statuer. Mais le conseil d'État a étendu bien au delà ses attributions. Il se constitue chambre du conseil, chambre des mises en accusation, et il prononce sur les charges elles-mêmes. Si les faits ne lui paraissent pas suffisamment justifiés par l'information, il refuse l'autorisation; ou bien il n'autorise les poursuites qu'à fins civiles et uniquement pour la réparation civile du dommage que le fonctionnaire a pu causer aux parties lésées. C'est ainsi qu'il usurpe sur les attributions du pouvoir judiciaire, et par l'abus qu'il fait d'un principe vrai et éminemment utile, il fournit des prétextes plausibles pour attaquer l'institution elle-même (1). » Du moment, ajoute M. Mangin, que le conseil d'État fait des incursions sur le domaine de l'autorité judiciaire, il paraît que ses décisions ne peuvent avoir un autre caractère d'irrévocabilité que si les décisions étaient émanées des tribunaux eux-mêmes. Lors donc que le Conseil refuse l'autorisation, parce que les charges sont insuffisantes, il est permis, quand des charges nouvelles sont survenues, de recourir à lui de nouveau et de lui demander, s'il les trouve assez graves, l'autorisation qu'il avait d'abord refusée (2).

L'autorisation prescrite par l'article 75 constitue une exception d'ordre public; établie pour assurer l'indépendance de l'administration, la liberté de l'action gou-

(1) M. Le Sellyer (n° 862) fait observer que la garantie a été instituée aussi pour protéger le fonctionnaire contre les ressentiments, les haines qu'il aurait suscités par l'accomplissement de ses devoirs. Pour répondre, dit-il, à ce vœu du législateur, il faut précisément que le conseil d'État fasse ce que M. Mangin lui reproche de faire.

(2) Faustin Hélie, III, p. 449 ; Le Sellyer, n° 861.— *Contrà*, Favard de Langlade, *Répert.* v° *Mise en jugement*, § 3, n° 13.

vernementale, elle tient aux principesmêmes de notre droit public. Dans les cas où elle est exigée, le prévenu peut donc exciper de son défaut en tout état de cause, et les tribunaux doivent l'appliquer d'office. Au reste, ce n'est là qu'une exception préjudicielle dont l'effet est de suspendre et non d'éteindre l'action intentée; en conséquence, il n'y a pas lieu de mettre le fonctionnaire poursuivi hors de cause; mais le tribunal doit impartir au demandeur un délai pour se pourvoir en autorisation à fin de poursuites. (Rennes, 30 mai 1835.)

La qualité de l'agent inculpé n'apparaît pas toujours avec un caractère complet d'évidence, et des doutes peuvent s'élever sur la question de savoir si le fait incriminé est, ou non, relatif à ses fonctions. A qui appartient-il de résoudre cette question préjudicielle? Est-ce aux tribunaux ou bien au conseil d'Etat? La Cour de cassation avait d'abord décidé (5 août 1823) que les tribunaux ne peuvent juger la qualité de l'agent, ni apprécier s'il a agi dans l'exercice de ses fonctions; qu'ils doivent avant tout examen, que l'instance soit civile ou criminelle, suspendre leur action; que le conseil d'Etat peut seul faire cette appréciation; et il semble, en effet, que reconnaître aux tribunaux le droit d'examiner si l'on se trouve dans le cas de l'article 75, ce serait leur fournir les moyens d'éluder la garantie administrative et retomber dans la plupart des inconvénients que cet article a eu pour but de prévenir. Mais la Cour suprême revint bientôt sur cette jurisprudence; elle reconnut, le 12 mars 1829, que le jugement de la question de savoir si une autorisation du conseil d'État devait être obtenue, était de la compétence exclusive de l'autorité judiciaire; cette doctrine est adoptée par la généralité des auteurs. En principe général, tout individu peut être poursuivi devant les tribunaux sans autorisation préalable; une exception est faite à ce principe en faveur des fonctionnaires publics; mais par cela même qu'il s'agit d'une exception, il appartient aux tribunaux saisis, suivant la règle générale, de décider si le cas de l'appliquer s'est ou non présenté. Tant que l'exception n'est pas justifiée, l'autorité judiciaire reste compétente, et ce n'est pas sur une allégation sans fondement qu'on peut suspendre le cours de la justice. Au reste, le conseil d'État paraît s'être rangé à cette doctrine; dans plusieurs ordonnances, il a jugé que « le défaut d'autorisation requise pour poursuivre un fonctionnaire, ne suffit pas pour élever un conflit; qu'il constitue seulement une exception qui doit être proposée devant les tribunaux (1). »

Appendice. — Mise en jugement des ministres du culte.

Il est une classe de personnes au profit de laquelle on a cru voir dans la législation une protection spéciale contre la liberté de l'action publique et de l'action civile : je veux parler des ecclésiastiques et de la loi du 18 germinal an X, relative à l'organisation des cultes.

(1) *Voy.* Ordonnance du 1er juin 1828 sur les conflits, art. 3.

Que l'article 75 de la constitution de l'an VIII soit inapplicable aux ministres des cultes, c'est ce que l'on ne peut contester; les ecclésiastiques ne sont point les agents du Gouvernement, et ils n'ont reçu de l'Etat aucune mission qui, de près ou de loin, les rattache à la puissance publique. Que les ministres des cultes soient soumis aux mêmes lois et à la même juridiction que les autres citoyens à raison des délits dont ils se rendent coupables, lorsque ces délits sont commis en dehors de leurs fonctions et ne constituent pas un abus de leur ministère, c'est encore un point hors de controverse. Le prêtre en remplissant ses fonctions sacrées, doit obtenir toute la protection qui lui est promise au nom de la liberté des cultes; mais quand il est descendu de l'autel, quelle garantie peut-il demander? C'est un simple citoyen; l'indépendance de son ministère n'est pas mise en question; il doit être soumis à la loi commune, à la responsabilité pleine et entière de ses délits.

La question est de savoir si le prêtre ayant commis dans l'exercice de ses fonctions un fait que la loi qualifie délit, un fait qui a causé quelque préjudice à autrui, peut être poursuivi devant les tribunaux répressifs ou civils sans aucun recours préalable. On a prétendu trouver la nécessité de ce recours dans la loi du 18 germinal an X, et de l'article 6 de cette loi on a fait sortir une sorte de garantie assez semblable à la garantie constitutionnelle des fonctionnaires publics.

Cet article 6 est ainsi conçu : « Il y aura recours au

« conseil d'État dans tous les cas d'abus de la part des
« supérieurs et autres personnes ecclésiastiques. Les
« cas d'abus sont l'usurpation ou l'excès de pouvoir, la
« contravention aux lois et règlements de la Républi-
« que, l'infraction des règles consacrées par les canons
« reçus en France, l'attentat aux libertés, franchises
« et coutumes de l'Église gallicane et toute entreprise
« ou tout autre procédé qui, dans l'exercice du culte,
« peut compromettre l'honneur des citoyens, troubler
« arbitrairement leur conscience, dégénérer contre
« eux en oppression, ou en injure, ou en scandale
« public. » L'article 8 ajoute que le recours compétera
à toute personne intéressée; mémoire sera adressé par
elle au conseiller d'État chargé de toutes les affaires
concernant les cultes, lequel sera tenu de prendre, dans
le plus court délai, tous les renseignements convena-
bles ; et sur son rapport, l'affaire sera suivie et définitivement terminée dans la forme administrative ou
renvoyée, selon l'exigence des cas, aux autorités compétentes (1).

Ainsi, le conseil d'État connaît de tous les cas
d'abus, et l'autorité judiciaire ne peut être saisie, toutes
les fois que le fait incriminé rentre dans l'un de ces
cas, que par un renvoi du conseil d'État. Mais l'action
est-elle encore suspendue lorsque ce fait constitue un
délit prévu par la loi pénale? Le conseil d'État apprécie-
t-il le délit comme il apprécie l'abus, a-t-il la faculté

(1) L'art. 6 des Dispositions organiques des cultes protestants établit un recours analogue.

de terminer administrativement l'affaire ou d'en ordonner le renvoi?

M. Mangin (n° 255), soutient l'affirmative, et cependant il convient que les expressions de l'article 6 sur lesquelles on s'appuie généralement, *tout procédé qui, dans l'exercice du culte, peut compromettre l'honneur des citoyens*, etc., ne peuvent désigner des délits de droit commun : « Car, dit-il, on ne peut entendre par ces mots ni la calomnie, ni l'injure, ni la diffamation proprement dite; on n'a jamais qualifié ces délits de procédés qui dégénèrent en oppression, on injure ou scandale public; en employant ces termes, l'article n'a eu certainement en vue que des faits non prévus par le code pénal; tels sont, par exemple, un refus de sacrement, l'expulsion de l'église, l'interdiction de son entrée, etc., » et cependant M. Mangin ajoute un peu plus loin : « Si les délits sont compris dans les cas d'abus, ce ne peut être que parce qu'ils rentrent dans ces expressions si générales, si larges; *les cas d'abus sont l'usurpation ou l'excès de pouvoir, la contravention aux lois et règlements de la République* (1). » Après son premier aveu, il est permis de trouver quelque peu hasardée cette dernière assertion de l'éminent criminaliste; en vérité M. Mangin a-t-il pu raisonnablement penser que d'un seul mot, le plus vague de tous, le législateur de l'an X ait voulu changer toute la langue du droit, revenir sur la tradition imposante de notre ancienne urisprudence?

(1) Dans le même sens, Le Sellyer, n° 846.

Le savant jurisconsulte a cru trouver la pensée du gouvernement, auteur de la loi organique, dans la discussion du conseil d'État sur l'article 204 du code pénal; il s'empare d'une parole du prince Cambacérès répondant à un conseiller d'État, qui demandait que le ministre du culte coupable d'avoir, dans une instruction pastorale, censuré les actes du Gouvernement, fût jugé par une commission du conseil. L'archichancelier dit que l'affaire vient nécessairement au conseil d'État, puisque c'est ce conseil qui autorise la mise en jugement. Mais M. Mangin a-t-il bien fait attention à l'observation du comte Berlier, qu'il ne faut pas confondre avec les fonctionnaires publics des personnes qui n'étant dépositaires d'aucune partie de l'autorité temporelle ne peuvent·être mises dans la même situation (1)? Comme il arrive souvent des travaux préparatoires des diverses lois, chaque opinion s'en empare, et les lumières qu'ils jettent sur la discussion s'obscurcissent dans les nuages des citations contraires. Il est donc impossible d'insister sur ce point.

Pour trouver la vérité, il faut remonter plus haut, et puisque le recours en cas d'abus n'est pas une institution nouvelle, qu'il est sorti immédiatement de notre ancien droit, voyons ce qu'était autrefois l'appel comme d'abus. Créé pour maintenir la limite entre les deux puissances qui se partageaient le monde, laissé sans définition par la royauté et les parlements qui trouvaient un certain vague d'attributions favorable à la

(1) *Voy.* Locré, t. XXX, p. 179.

puissance temporelle, ce qu'on voit ressortir des fluc-
tuations de la doctrine et de la jurisprudence, c'est que
l'abus est essentiellement un excès de pouvoir, et l'appel un mode de contenir dans ses limites le pouvoir
qui les franchit. « Cet appel, dit Muyart de Vouglans (1), a été introduit originairement pour maintenir les juges d'Église et les juges laïcs dans les bornes
de leurs juridictions, quoique, dans l'usage actuel,
nous voyons qu'il s'emploie plus ordinairement contre
les juges d'Église. » L'abus était donc une entreprise,
un excès de la juridiction ecclésiastique (2), et l'on ne
confondait pas avec l'abus proprement dit, le fait quelconque de l'ecclésiastique dans ses fonctions; ce fait
pouvait être criminel sans constituer l'excès qui s'ap-
pelait abus (3). D'ailleurs le mot lui-même ne désigne-
t-il pas suffisamment la chose? L'appel n'est possible
que d'une juridiction à une autre; l'abus dont on appelle est essentiellement l'acte du juge inférieur déféré
au juge supérieur. Mais appelle-t-on d'un délit? Peut-
on réformer un acte coupable? Que ce fait soit commis dans l'exercice des fonctions sacerdotales, peu
importe; c'est là une circonstance contingente qui ne

(1) *Lois criminelles*, p. 772.

(2) Qu'on parcoure en effet tous les cas d'abus dans l'ancien droit,
on n'y trouvera pas autre chose que les infractions commises par les
officiants dans l'exercice de la juridiction ecclésiastique, les empiétements de pouvoirs, les violations de lois qui pouvaient leur être
reprochés.

(3) *Voy.* Jousse, sur l'édit de 1695. *Conf.* Fevret, *de l'Abus*, I,
p. 151; Henrion de Pansey, *Aut. judic.*, II, p. 83.

change rien au caractère intrinsèque du fait. — L'art. 6
de la loi de l'an X vient-il renverser ce système? Dans
l'ancien droit, l'abus consistait tout entier dans l'excès
de pouvoir de la juridiction ecclésiastique ; dans le
droit actuel, c'est le fait d'un individu exerçant isolé-
ment son ministère. Parce que l'abus s'est indivi-
dualisé en quelque sorte, a-t-il changé de caractère?
A-t-il cessé d'être un excès de pouvoir? Cet excès de
pouvoir, en y réfléchissant bien, est véritablement un
abus de juridiction ; en effet, en demandant à un prêtre
un acte de son ministère, on sollicite en lui le pouvoir
ecclésiastique ; s'il refuse, si son refus est injuste et
cause le scandale, il y a abus, il y a matière à l'appel.
En raisonnant ainsi, je n'oublie pas l'article 6 de la loi
organique, et ce qu'il ajoute aux anciennes énuméra-
tions : *toute entreprise ou tout procédé dans l'exercice du
culte...* Le législateur, en généralisant ainsi ses termes,
a tout simplement voulu ne laisser échapper aucune
des applications du principe sans élargir le principe
lui-même (1). Qu'on veuille bien le remarquer, notre
question ne pouvait pas se présenter sous l'ancienne
législation ; à cette époque, les actions qui naissaient
de l'abus et du délit, tantôt isolées, tantôt simultanées,
étaient toujours indépendantes. Y avait-il abus, c'était
l'official qui procédait ; y avait-il délit, c'était le juge
civil. S'il y avait délit et abus, les deux juridictions se
réunissaient pour instruire en commun, et se sépa-

(1) *Voy.* le très-remarquable réquisitoire prononcé par M. l'avocat
général Hello devant la Cour de cassation sur l'arrêt du 26 juillet 1838.

raient ensuite pour appliquer chacune de son côté la peine ordinaire et la peine canonique. La nature du fait déterminait la juridiction, mais sans aucune priorité en cas de concurrence. Sans doute la procédure devant les juges d'Église pouvait donner lieu à l'appel comme d'abus; mais l'abus naissait, non du délit lui-même, mais de l'incompétence ou de l'usurpation de ces juges; et lorsque l'appel comme d'abus s'interjetait incidemment à une procédure criminelle, l'appel n'était pas suspensif, preuve évidente que l'abus n'était pas préjudiciel.

Est-ce que la loi de l'an X, en faisant passer dans les institutions nouvelles l'appel comme d'abus, en a changé le caractère et le but? Na-t-elle pas voulu maintenir la barrière que l'ancienne royauté avait cru bon d'élever contre les empiétements du pouvoir ecclésiastique? Le sentiment de défiance qui avait donné naissance à l'appel et qui forme son caractère distinctif, avait-il disparu sous le Consulat? A la suite du déchaînement inouï de haine contre l'Église catholique qui signala la Révolution française, les passions populaires calmées, mais non pas éteintes par une politique de conciliation, regardaient avec crainte les églises se rouvrir, les prêtres remonter à l'autel; et l'on croit que cette société, encore frémissante au souvenir des anciens abus, aurait laissé émousser dans ses mains l'arme puissante que le pouvoir tombé lui avait léguée; qu'elle aurait consenti à faire aux ministres du culte une position meilleure que celle qui leur était faite par nos anciens rois et nos vieux parlements? A la vérité, la connaissance de l'abus a passé des corps judiciaires au conseil d'État; mais pourquoi? C'est parce qu'on craignait, disait-on, la rivalité séculaire de la magistrature et du clergé, parce qu'on redoutait le mauvais vouloir des tribunaux qui, sous prétexte d'assurer l'indépendance du pouvoir civil, avaient travaillé à l'oppression du pouvoir ecclésiastique, à subordonner ce pouvoir à leur omnipotence, et qu'on préférait créer arbitre des difficultés suscitées par les prétentions sacerdotales un corps impartial, libre de toute arrière-pensée de traditions, un corps enfin qui, organe de la pensée du Gouvernement aurait pu mieux apprécier l'utilité et l'opportunité de la répression des envahissements reprochés au clergé (1). Mais qu'on ait voulu assurer aux ministres des cultes une protection contre les réclamations légitimes des citoyens, constituer le conseil d'État appréciateur suprême des intérêts contradictoires des prêtres et des particuliers, alors qu'autrefois, au temps de la plus grande influence de l'Église dans l'État, cette protection manquait à ses ministres, c'est ce qu'il est impossible d'admettre, et pour le soutenir, il faut, ce me semble, commettre un singulier anachronisme.

Le conseil d'État n'est ici que le successeur des parlements; il ne remplit pas une fonction administrative, il exerce une attribution judiciaire; il est saisi

(1) Voy. Portalis, discours et rapports, p. 207 et 209.

comme tribunal; il statue sur un appel, après instruction et rapport, en présence d'une partie publique; il
apprécie l'acte au fond, il l'absout, le condamne ou le
renvoie, suivant les cas, à d'autres juges; mais ce
renvoi lui-même, c'est un acte de juridiction, c'est
l'acte d'un juge qui se dessaisit comme incompétent.
Parce que le conseil d'État autorise la mise en jugement des fonctionnaires publics, on a prétendu qu'en
appréciant l'abus, il devait autoriser les poursuites
dirigées contre les ministres du culte; c'est confondre
deux choses distinctes, l'autorisation et le jugement;
comme le fait judicieusement remarquer M. l'avocat
général Hello, l'autorisation de demander jugement à
un autre est, chez qui la donne, une négation équiva-
lente du droit de juger. Cette autorisation est une fonction administrative, et, en notre matière, il n'est question que d'une attribution judiciaire. Cela est si vrai
que le gouvernement impérial avait un moment songé
à restituer aux cours d'appel la connaissance des abus
qui rentre, ce semble, dans leurs attributions naturelles (1). Il ne faut donc pas, parce que la loi a déposé dans les mêmes mains deux pouvoirs distincts, et
parce que ces pouvoirs s'exercent l'un et l'autre sur
les excès commis par les fonctionnaires publics ou les
ministres du culte, faire réagir sur l'un les règles qui
ne conviennent qu'à l'autre.

On prétend trouver dans les articles mêmes de la loi

____

(1) *Voy.* le Décret du 25 mars 1813.

de l'an X la consécration d'un système qui répugne à
la tradition et à la génération de cette loi. Ces articles sont-ils au moins bien formels ? L'article 6 énumère
les cas d'abus; dans sa première partie, il s'occupe
des entreprises contre l'ordre public, dans la seconde
des entreprises contre la condition privée; c'est toujours à l'abus qu'il se réfère, à un acte susceptible de
recours et d'appel; comment croire que cet article
passant subitement d'un ordre d'idées à un autre, après
avoir parlé d'excès de pouvoir et d'usurpation de juridiction, arrive à viser les délits personnels ? *Des entreprises ou procédés qui, dans l'exercice du culte, peuvent
compromettre l'honneur des citoyens ou troubler arbitrairement leur conscience*, est-ce là la définition d'un délit ou
d'un simple abus de pouvoir ? Certainement un crime,
un délit sont des excès de pouvoir; et la diffamation, la
calomnie, le vol, l'attentat aux mœurs, la provocation
à la révolte et à l'homicide (1) sont des contraventions
aux lois et règlements de la République. Mais il me
semble que dans la langue du droit (et je suppose que
le législateur parle cette langue), ces faits s'appellent d'un tout autre nom. Qu'au contraire, le prêtre
refuse un sacrement ou la sépulture ecclésiastique,
qu'il divulgue la confession, voilà des procédés qui,

(1) Je n'invente rien, et ces faits sont consignés dans les *Annales
de la jurisprudence*. — *Voy.* Jousse, III, p. 186. — Cons. d'État,
8 avril 1835, 25 novembre 1829; Cassat. 23 juin 1831. — D'ailleurs,
en convenant qu'ils sont heureusement fort rares, je dois donner mes
exemples pour montrer où arrive le système contraire.

sans être des délits, peuvent compromettre l'honneur des citoyens et dégénérer en scandales s'ils ont lieu publiquement.

On objecte encore l'article 8; mais que veut dire cet article sinon ceci : lorsque le conseil d'État est saisi, dans la forme ordinaire, d'une réclamation contre un abus, ou il statue lui-même, ou lorsqu'il découvre dans la vérité du procès un fait dont il ne peut connaître, il renvoie devant l'autorité compétente, l'évêque ou les tribunaux ? Et l'on veut forcer la partie civile qui ne se plaint pas d'un abus, à saisir le conseil d'État, lorsqu'elle sait parfaitement à l'avance que ce conseil est incompétent et qu'il renverra l'affaire ! Peut-on voir une telle bizarrerie dans une loi raisonnable ? Allons au fond des choses : on veut appliquer aux ministres du culte la garantie constitutionnelle, alors qu'on a solennellement déclaré qu'ils n'y ont pas droit. On veut créer par interprétation un nouveau cas de suspension de l'action civile. J'admets que si le délit est d'une intime connexité avec un abus, comme on l'a vu dans un acte excessif de la juridiction épiscopale (1), l'abus serait préjudiciel, puisqu'il y aurait à régler une question de compétence. Mais ce n'est pas ce que je suppose ici : je suppose un délit isolé; quelle influence le juge-

(1) M. de Prilly, évêque de Châlons, avait publié contre l'Université de France une lettre déclarée injurieuse et diffamatoire, dans laquelle ce prélat menaçait du refus éventuel des sacrements les élèves des établissements universitaires. (*Voy.* C. d'État, 8 novembre 1843); l'abus et le délit étaient cumulés.

ment de l'abus peut-il avoir sur le jugement du délit, sur l'appréciation des réparations civiles? Pourquoi l'examen préjudiciel du conseil d'État? M. Mangin (t. II, p. 45) ne veut pas « qu'on livre le clergé aux vexations des particuliers et au mauvais vouloir qui pourrait animer quelques magistrats inférieurs; qu'on lui enlève les garanties qui protégent son repos et sa dignité, en même temps qu'elles concourent au maintien du bon ordre. » Grâce au ciel, ces craintes ne sont plus de notre temps; le clergé a repris dans la société sa part légitime d'influence, et nous ne voyons ni les gouvernements, ni les tribunaux, ni les particuliers s'écarter du respect que lui assurent ses vertus et sa haute mission. Ce n'est pas en laissant les citoyens poursuivre tranquillement devant la justice la satisfaction de leurs intérêts lésés par quelque délit isolé, qu'on ravivera ces passions vulgaires et ces haines absurdes qui ont marqué si tristement une autre époque, et je ne crois pas qu'on puisse soupçonner les magistrats de prêter leur appui à une persécution odieuse et ridicule. Est-ce que le principe fécond de l'art. 1382 n'est pas, avec l'impartialité des tribunaux, une barrière suffisante aux plaintes téméraires et aux récriminations calomnieuses? Les priviléges froissent quand ils sont inutiles, et je demande en quoi serait utile au bon ordre et à la marche de l'État, un privilége octroyé aux ministres des cultes, un privilége nouveau, inconnu sous le régime des priviléges.

Je dois ajouter, et je le dis à regret, que la juris-

prudence a paru oublier en cette matière l'origine et la
pensée de la loi organique. Est-ce parce qu'elle est
partie d'un principe faux qu'elle n'a pas cru devoir
rester logique dans les déductions de ce principe ? La
Cour de cassation, s'appuyant sur je ne sais quel texte,
distingue les délits qui n'atteignent que les intérêts
privés et les délits qui blessent l'ordre public ; de nombreux arrêts il résulte, en effet, que lorsqu'il s'agit de
l'un de ces délits qui semblent se confondre avec les
procédés et les entreprises dont parle la loi de l'an X,
comme la diffamation et l'injure, lorsque la poursuite
n'est exercée que sur la plainte de la partie qui se
prétend lésée, il y a lieu de surseoir au jugement jusqu'à ce que l'affaire ait été soumise au conseil d'État.
Le délit commis dans l'exercice du culte semble n'être
qu'un abus du ministère : l'abus absorbe le délit jusqu'à
ce que le conseil d'État, en dégageant et en séparant
les deux faits, en ait permis la poursuite distincte. Que
si, au contraire, le délit touche l'ordre général, et si la
poursuite est exercée, non plus par la partie civile
seulement, mais par le ministère public, cette poursuite peut avoir lieu d'office, et les tribunaux sont
compétents sans qu'ils aient été saisis par un renvoi
du conseil d'État. Je cherche en vain, j'avoue ne pas
trouver la base légale d'une semblable distinction (1),
et sur ce terrain, je suis heureux de me rencontrer

(1) Le point de départ de cette jurisprudence parait être dans
l'arrêt du 25 août 1827, rendu dans l'intérêt de la loi sur une lettre
du garde des sceaux dans laquelle se trouve développé ce système.

avec les auteurs qui soutiennent le système que je viens de combattre (1). Comment expliquer qu'à raison du même fait le libre exercice de l'action soit dénié à la partie civile quand il est reconnu à la partie publique? Le Code d'instruction fait marcher parallèlement l'action publique et l'action civile (art. 4) ; il leur donne à toutes deux le droit de saisir la juridiction correctionnelle (art. 182). On allègue qu'il y a des délits dont la poursuite ne peut pas être différée sans danger; mais est-ce l'utilité de la poursuite qui fait le droit du poursuivant? L'ordre public a des droits incontestables; mais les intérêts privés sont-ils donc à dédaigner et leur satisfaction est-elle indifférente à l'ordre général? En certains cas exceptionnels, la loi cesse de traiter également les deux parties; au profit de qui l'équilibre est-il rompu? C'est au profit de la partie civile : voyez les délits de chasse, d'adultère, de diffamation. Ici, par une étrange anomalie, les rôles s'intervertissent; on met le plaignant à la suite du ministère public à qui il doit ouvrir la marche; on lui enlève l'action directe qui lui est donnée par la loi; même les tribunaux civils lui sont fermés, et le conseil d'État tient toujours les rênes qu'il faut solliciter. Et si le conseil, par quelque convenance politique ou morale, refuse de renvoyer l'affaire aux tribunaux, le citoyen qui se prétend outragé ou calomnié doit courber la tête, gardant au fond du cœur un ressentiment qui ne tournera pas sans doute

(1) *Conf.* Mangin, Le Sellyer, *loc cit.*

en un plus grand respect pour le clergé, Il n'y a là rien de bien rassurant pour la liberté civile (1).

Je dois dire, au reste, que si la Cour de cassation a maintenu dans sa jurisprudence ce nouveau cas de suspension de l'action civile, elle semble l'avoir étendu dans tous les cas à l'action publique, en répudiant la distinction qu'elle avait d'abord adoptée : au moins peut-on la féliciter d'être logique.

CHAPITRE VI.

Extinction de l'action civile.

Toutes les causes qui éteignent l'action publique ne font pas disparaître également l'action civile. Ainsi le décès du prévenu qui fait tomber l'action publique en lui enlevant le coupable, et détruit l'accusation par l'impossibilité de la défense, laisse entiers les droits de

(1) En ce sens, Rauter, nº 639; Faustin Hélie, § 167; Vuillefroy, *de l'Administration des cultes catholiques*, p. 47; M. Dufour (*de la Police des cultes*, p. 517), qualifie la décision du C. d'État de *verdict dépourvu de sanction*, de *véritable déni de justice*. L'expression est rude.

la partie civile qui peut exercer son action devant les tribunaux civils contre les représentants du prévenu (art. 2 Code inst. crim.)

Mais une question se présente : lorsque les tribunaux de répression ont été saisis de l'action civile, le décès du prévenu fait-il cesser leur compétence de sorte que la partie lésée soit obligée de reporter sa demande devant les tribunaux civils?

M. Carnot (I, p. 63) pense que le juge correctionnel ou de police ayant été complétement saisi, l'affaire doit continuer d'être instruite et jugée par lui. M. Legraverend (I, p. 69) émet une opinion contraire, parce que les tribunaux de répression ne sont investis du droit accessoire de prononcer sur l'action civile que par le droit exclusif qu'ils ont de statuer sur l'action publique. Ces deux auteurs me paraissent aller trop loin. M. Legraverend n'a pas fait attention qu'il arrive fréquemment que les juges d'appel correctionnel statuent sur le recours de la partie civile seule contre le jugement qui a renvoyé le prévenu, l'action publique étant éteinte à défaut d'appel du ministère public. Le tribunal d'appel, en effet, a le droit d'examiner l'affaire sous toutes les faces avec lesquelles elle s'est présentée devant les premiers juges; deux parties étaient en cause, la partie publique et la partie civile; la première se tait, elle accepte le jugement; la seconde l'attaque; le tribunal n'a donc à examiner le procès qu'au point de vue des intérêts de celle-ci, et il le peut d'autant mieux que le principe de compétence qui

existait chez les premiers juges doit exister chez ceux
qui ont mission de vérifier et de réformer leurs sentences. La compétence des tribunaux correctionnels pour
prononcer sur les réparations civiles n'est donc pas
toujours subordonnée à l'existence d'une partie publique. Ajoutez que le jugement qui prononce sur
l'action de la partie lésée constitue pour elle un titre,
dès que ce jugement est définitif, fût-il susceptible
d'être réformé sur appel ou d'être cassé. L'appel, en
effet, et le recours en cassation ne détruisent pas les
jugements qui en sont frappés, ils en retardent simplement l'exécution (*Conf.* art. 173, 203 et 373 C. inst.
crim.). Sans doute le décès du prévenu éteint l'action
publique, mais il ne nuit point aux droits de la partie
civile; elle peut faire valoir contre ses représentants
les titres qu'elle a obtenus contre lui, et dès lors elle
peut leur opposer les jugements définitifs en premier
ou en dernier ressort rendus à son profit, sauf à ces
représentants à faire tomber ces jugements par les
voies de recours qui leur sont ouvertes par la loi.

Quant à M. Carnot, il a oublié la nature du jugement par défaut et de l'opposition; l'opposition, aux
termes de l'article 183, rend la condamnation *comme
non avenue*, et le jugement par défaut susceptible de
tomber à chaque instant, au premier signe de volonté
du prévenu, ne constitue pas un titre pour celui au
profit de qui il a été rendu; si donc le prévenu meurt
après avoir formé opposition, le jugement tombe et le
tribunal correctionnel qui ne doit connaître de l'action

civile qu'accessoirement à l'action pub..., ae est devenu incompétent; s'il meurt dans le délai de l'opposition, la juridiction répressive se trouve également dessaisie, car l'opposition est devenue inutile puisqu'elle ne peut plus emporter citation à la première audience, aux termes de l'article 188, et saisir de nouveau un tribunal désormais incompétent; d'ailleurs on ne saurait attribuer au jugement par défaut une autorité que le prévenu lui aurait vraisemblablement fait perdre en y formant opposition (1).

Voilà donc à quoi se réduit la véritable doctrine : lorsque le prévenu meurt dans le cours de l'instance criminelle, ou bien après un jugement par défaut, dans les délais de l'opposition, la juridiction criminelle incompétente pour connaître principalement de l'action civile se trouve dessaisie et la partie lésée doit se pourvoir devant les tribunaux civils. Si au contraire le prévenu meurt après un jugement contradictoire en premier ressort, le tribunal d'appel et la Cour de cassation peuvent connaître du recours de la partie civile; car ils ont à statuer sur un jugement définitif qui est le titre de la partie lésée, et leur compétence est tracée par la compétence des juges dont ils ont à apprécier la sentence.

(1) Si l'arrêt criminel qui a adjugé des dommages-intérêts à la partie civile a été rendu par contumace, il se trouve anéanti de plein droit par le décès du condamné, dans le délai de grâce des cinq années qui ont suivi l'exécution par effigie ; la partie civile est obligée d'intenter une nouvelle action contre les héritiers du condamné et de la porter devant les tribunaux civils. (Voy. art. 31, C. N.)

C'est, au reste, la doctrine qui est appliquée par une jurisprudence constante; c'est ainsi qu'on voit tous les jours la Cour de cassation prononcer, en ce qui concerne les condamnations aux indemnités et aux frais envers l'État, sur le recours de condamnés morts depuis leur pourvoi (1).

L'*amnistie* qui efface la criminalité des faits auxquels elle s'applique et qui éteint par conséquent l'action publique, n'enlève pas non plus aux personnes lésées le droit de réclamer la réparation du préjudice qu'elles ont souffert. Rien ne peut détruire des faits, et c'est des faits eux-mêmes, indépendamment de leur criminalité, que naît l'action civile. M. Legraverend (t. II, p. 761) enseigne le contraire en se fondant sur ce que les actions privées perpétueraient des souvenirs, entretiendraient des haines que le souverain a voulu effacer. Je ne crois pas que des particuliers en exerçant leurs droits fassent renaître un danger qui ne résulte que de l'application des peines. La société au nom de laquelle est exercée l'action publique peut mettre son intérêt dans l'oubli de faits criminels; elle ne peut pas enlever aux citoyens leur propriété et l'action civile leur appartient (2).

(1) Mangin, n° 282.

(2) Faustin Hélie, t. III, p. 772; Cass., 21 octobre 1830. M. Mangin voit une cause d'extinction de l'action publique dans l'épuisement de la pénalité qui résulte de la condamnation du prévenu à une peine plus forte que celle que lui feraient encourir les délits qu'il a commis antérieurement à cette condamnation.—Cette proposition est

Nous trouvons deux causes d'extinction communes à l'action civile et à l'action publique : la *prescription* et la *chose jugée*. Ce sont, sans contredit, les plus importantes; elles nous occuperont quelque temps.

SECTION I.

De la prescription.

—

§ I. PRINCIPES GÉNÉRAUX.

Quelques regrettables résultats qu'elle entraîne quelquefois, la prescription n'en est pas moins l'un des principes les plus salutaires de toute législation, et spécialement en ce qui concerne les matières criminelles, Filangieri (liv. III, Ire partie, ch. II) l'a parfaitement justifiée lorsqu'il dit : « Si pour garantir la propriété, il a fallu établir une prescription dans les actions civiles, il était juste, pour assurer la vie, l'honneur et la liberté des citoyens, d'établir une prescription dans les actions criminelles. Rien n'est plus difficile que de se garantir d'une accusation formée un grand nombre d'années après le crime. Le temps, en effaçant le souvenir des circonstances qui ont accompagné le délit, ôte à l'ac-

fort contestable; mais peu nous importe ici; cette cause d'extinction, si elle existe, ne peut avoir aucune influence sur l'action civile; la réparation du dommage est indépendante de l'application des peines, et chaque fait dommageable entraîne une réparation.

cusé tous les moyens de se justifier, et offre à un calomniateur déterminé le voile qui doit couvrir ses im-
postures. » Ces motifs s'appliquent aussi bien à la prescription de l'action civile qu'à celle de l'action publique ;
s'il est difficile, en effet, à l'accusé de repousser après
plusieurs années l'application de la loi pénale, on ne
voit pas trop comment il pourra écarter une demande
de dommages-intérêts à propos d'un fait depuis longtemps commis. S'il n'était pas couvert par la loi, il
pourrait peut-être espérer de la justice des magistrats
l'oubli que commandent les besoins de la défense et que
l'intérêt de la société ne repousse pas ; mais que serait-
il en droit d'attendre de spéculateurs qui, sous prétexte
de réclamer l'indemnité due à leurs intérêts compromis,
après avoir patiemment et sûrement attendu le dépérissement de ses preuves, pourraient venir subitement
l'arracher à son repos en lui présentant une demande
impossible à repousser? D'un autre côté, si la flétrissure
morale résultant d'une condamnation civile pour un
crime ou pour un délit, est moins grave que la flétrissure qu'inflige au condamné une sentence pénale, elle
l'est cependant assez pour que le législateur n'ait pas
voulu exposer à la subir celui qui serait peut-être innocent. Avec le temps, le trouble social s'apaise, et l'hor-
reur du crime s'affaiblit ; la peine semblerait cruelle, la
réparation pécuniaire semblerait odieuse. Ainsi, c'est
dans un intérêt public de premier ordre que la loi a
voulu qu'à une certaine époque les magistrats fussent
sans droit pour poursuivre et punir les délits, que le

fruit du crime devînt en quelque sorte légitime entre les mains du coupable ; le salut du criminel assure le repos de l'innocent, et c'est devant cette pensée que s'évanouissent les scrupules inspirés par certains résultats monstrueux. *Præscriptio patrona generis humani.*

Aussi les lois romaines, la jurisprudence des anciens parlements, l'Assemblée constituante, la plupart des criminalistes ont-ils posé la règle que l'action publique et l'action civile s'éteignent par la prescription (1), et les motifs qui l'ont fait admettre conduisent à décider que les deux actions s'éteindront par le même laps de temps. Ne serait-il pas bizarre, d'ailleurs, que le ministère public, avec la volonté d'agir, restât désarmé en présence d'un fait qui, proclamé coupable, donnera lieu à des réparations civiles? Cette doctrine, quelque temps contestée, avait passé dans notre ancienne jurisprudence sur cette raison donnée par Rousseau de Lacombe (2) et Jousse (3), que le principal, qui est l'action pour le crime, étant éteint par la prescription, il est de règle que l'accessoire, qui consiste dans les intérêts civils, soit aussi éteint.

(1) M. Faustin Hélie (III, p. 790) croit voir dans certains textes que les jurisconsultes romains faisaient survivre l'action pour les intérêts civils à l'accusation ; ces textes ne s'appliquent pas à la prescription ; il s'agit simplement de savoir si, le coupable étant mort, l'action civile peut encore être exercée contre ses héritiers (*Voy.* Ulpien, l. 5, Dig. *De calum.*; Papin, l. 12, *De leg. Cornel. de fals.* ; Marcien, l. 6, *De public. judic.*).

(2) *Mat. crim.*, p. 170.

(3) T. 1, p. 600 ; Conf. Dunod *De la prescription*, 2e partie, ch. IX.

La loi du 25 sept.-6 oct. 1791 n'avait rien statué sur la prescription de l'action civile; les articles 9 et 10 du Code de brumaire an IV qui a été rédigé par un jurisconsulte, par Merlin, s'occupaient expressément de la question et soumettaient les deux actions à la même prescription, celle de trois ans, si, dans cet intervalle, il n'avait été fait aucune poursuite, et à celle de six ans, si, dans les trois ans, il avait été commencé des poursuites, soit criminelles, soit civiles.

D'après les articles 637, 638 et 640 du Code d'Inst. crim., l'action civile se prescrit par les mêmes délais que l'action publique, c'est-à-dire par dix ans, trois ans, ou un an, suivant qu'il s'agit de crimes, de délits ou de contraventions. Cette prescription commune des deux actions n'a d'exception que dans l'article 29 de la loi du 26 mai 1819 d'après lequel l'action civile née d'un délit commis par la voie de la presse ne se prescrit que par trois ans, lorsque l'action publique se prescrit par six mois. M. Bourguignon (1) soutient que l'action civile n'est soumise à la prescription établie par le Code d'Instr. qu'autant qu'elle a été portée devant la juridiction criminelle, et qu'elle n'est soumise qu'à la prescription du Code Napoléon, lorsqu'elle est portée devant la juridiction civile. Cette opinion est inadmissible; les actions civiles qui résultent de faits punissables sont soumises par la loi à une prescription particulière différente de celle que le Code Napoléon a établie pour

(1) *Jurispr. des cod. crim.*, II, p. 539. — Cass., 17 déc. 1839.

les actions résultant des contrats; la prescription à appliquer ne dépend pas de la juridiction devant laquelle l'action est portée, mais de la nature de l'action elle-même. Évidemment la loi criminelle n'aurait pas eu à s'occuper de la prescription de l'action civile, si cette prescription n'avait dû la frapper que devant la juridiction répressive, puisqu'elle n'y peut paraître qu'accessoirement à l'action publique; comment expliquer que les articles 2 et 3 du Code d'Inst., après avoir constaté que les deux actions peuvent s'intenter séparément, disent que l'une et l'autre s'éteignent par la prescription, ainsi qu'il est réglé au livre II, titre VII, chap. v *De la prescription?* L'article 637 fait-il la moindre distinction suivant la juridiction qui connaîtra des intérêts civils? L'article 642 a pu réserver la prescription ordinaire aux *condamnations* civiles; rien ne l'empêchait de la réserver en même temps à l'action privée exercée séparément. Enfin, il ne faut pas perdre de vue que, quels que soient les juges qui doivent l'apprécier, il s'agit d'un délit dont les preuves s'effacent plus facilement que celles des conventions (1).

L'action civile, avons-nous dit, se prescrit par les mêmes délais que l'action publique; ainsi l'action résultant d'un crime se prescrit par dix ans, celle résultant d'un délit par trois ans. Cela ne fait pas difficulté lorsque l'action publique a été exercée. Mais il peut arriver que le ministère public soit resté dans

(1) Mangin, n° 363; Faustin Hélie, § 203; Le Sellyer, n° 2150; Cass., 3 août 1843, 14 mars 1853.

l'inaction ; alors la question se présente de savoir quelle prescription doit être opposée, celle des crimes ou celle des délits. Les juges de répression n'ont pas eu à déterminer le caractère du fait reproché ; sera-t-il fixé par les tribunaux civils ? L'affirmative est la seule solution possible ; les tribunaux civils sont compétents pour connaître de l'action portée devant eux en réparation du dommage causé par un crime ou par un délit ; la durée de cette action est celle de l'action criminelle ; il faut donc qu'ils jugent, d'après le caractère du fait, quelle prescription doit être appliquée (1). Mais, si le fait ayant été apprécié par le juge criminel, l'action privée était portée séparément devant la juridiction civile, celle-ci devrait accepter la qualification qu'a donnée au fait l'autorité compétente pour en tirer telles conséquences qu'il appartiendrait. Nous aurons à développer ce principe en traitant de la *chose jugée*.

De ce que l'action civile se prescrit par le même temps que l'action publique, il ne résulte pas qu'elle ne puisse lui survivre. Il est possible que le ministère public ayant négligé d'exercer son action, la partie lésée forme sa demande en temps utile. La loi a séparé l'intérêt social de l'intérêt particulier ; la partie lésée n'agit point sous la tutelle du ministère public ; elle est libre dans ses mouvements, libre de saisir telle juridiction qu'elle juge convenable ; elle peut donc prétendre à la réparation du préjudice qu'elle a souffert

(1) Cass. 28 février 1855.

sans que l'auteur de ce préjudice soit atteint par ce qu'on a appelé la *vindicte publique* (1). Cela est si vrai, qu'on voit tous les jours la partie civile interjeter appel d'un jugement qui acquitte le prévenu, le tribunal supérieur réformer ce jugement, déclarer le délit constant et accorder des dommages-intérêts, sans que pour cela le prévenu soit frappé d'aucune peine, parce que le ministère public a voulu rester sur la première décision. En principe, je le répète, l'action civile doit s'éteindre par le même laps de temps que l'action publique ; mais du moment que la loi a séparé les deux actions et les a remises à des mains différentes, il est inévitable de rencontrer des diversités dans l'usage des deux actions et dans l'appréciation de leur opportunité, de voir l'un renoncer à son droit, l'autre l'exercer, de voir enfin la prescription arracher au négligent une poursuite que la vigilance seule peut conserver.

La partie civile, maîtresse de son action, peut la porter devant telle juridiction qu'il lui plaît de choisir, et elle doit se mettre en mouvement dans les délais fixés par le Code d'instruction. Mais là expire l'empire de la prescription criminelle ; l'action portée devant la juri-

______

(1) Cette expression rappelle des temps et des principes qui ne sont plus ; notre pénalité ne repose plus sur l'idée grossière de la vengeance. L'utilité sociale et la justice sont les seuls fondements du droit de punir. En frappant, la société ne se venge pas, elle se garde et répare, autant qu'il est en elle, le mal commis. — *Voy.* Ortolan, *Traité de droit pénal.*

diction civile est soumise, pour tout ce qui tient à sa procédure et à sa conservation, aux formalités et aux délais établis pour les affaires civiles. « Ce serait, dit M. Mangin au n° 363, un système fort bizarre que celui qui amènerait un amalgame des formes de la procédure criminelle et de la procédure civile, et qui contraindrait une partie à faire devant les tribunaux civils des actes que le Code de procédure ni le tarif n'autorisent. Portée devant la juridiction civile, l'action de la partie lésée est protégée par la maxime *omnes actiones quæ tempore pereunt, judicio semel inclusæ salvæ manent;* cette action ne peut s'y éteindre qu'autant que la demande est frappée de péremption. Il est constant, en droit, que les actions annales, une fois portées devant les tribunaux civils, ne s'y prescrivent plus par un an, et qu'elles subsistent aussi longtemps que l'instance à laquelle elles servent de base. »

Que l'action civile soit dirigée contre l'auteur même du délit ou contre des personnes étrangères aux faits coupables, mais que la loi force à réparer le dommage causé, la prescription reste la même. Fondée sur un délit, l'action reste soumise aux délais fixés pour les matières criminelles. Ainsi les héritiers de l'accusé cessent d'être tenus des dommages-intérêts après dix ans écoulés depuis le crime. Quant aux personnes civilement responsables, elles ne sont libérées de leur obligation que par la prescription de trente ans; c'est que les demandes dirigées contre elles sont exclusivement fondées sur l'art. 1384 du Code Napoléon. La question ne présente de difficulté qu'en ce qui concerne les personnes à qui une loi spéciale a imposé la responsabilité du crime ou du délit, ainsi les communes. Pour leur appliquer la prescription civile, on peut dire que ce qui est reproché à la commune, c'est simplement un tort personnel : on veut la punir d'avoir manqué à la surveillance qu'elle devait exercer sur ses membres. Il s'agit, en outre, d'une action qui est de la compétence exclusive des tribunaux civils, qui n'aurait pu être jointe à l'action publique. — Cependant il faut remarquer qu'en définitive, l'action repose sur un crime ou sur un délit, que même, par exception, le ministère public est dans la cause partie principale, et que ce ne serait pas sans de graves inconvénients qu'on prolongerait des actions de cette nature. Ce ne serait qu'au prix de nouvelles émotions populaires qu'on réveillerait les faits qui leur donnent naissance; et les preuves qui les constatent s'altèrent chaque jour et disparaissent pour faire place au plus profond oubli (1).

En examinant les motifs qui servent de fondement à la prescription criminelle, on doit reconnaître qu'elle constitue une exception d'ordre public; d'où la conséquence qu'elle peut être proposée en tout état de cause, que le prévenu ne peut y renoncer, que le juge doit même la suppléer d'office. Ces motifs s'appliquent aussi bien à l'action civile qu'à l'action publique; le but de la prescription est d'anéantir en quel-

(1) Lyon, 4 avril 1851 ; Cass. 6 mars 1855.

que sorte le fait lui-même; l'existence de ce fait ne peut plus être proclamée en justice et les réparations civiles qui n'ont d'autre base que la déclaration judiciaire de l'existence de ce fait, ne peuvent plus être réclamées. Il n'y a aucune distinction à faire entre les différentes juridictions (1), et j'ai peine à comprendre comment M. Le Sellyer (n° 2211) a pu avancer que, si l'action civile était portée directement devant les tribunaux civils, il faudrait appliquer l'article 2223 du C. Nap. Il faut dire, du reste, que ce jurisconsulte ne donne aucun motif à l'appui de son opinion.

Ajoutons, en terminant l'exposé des principes généraux de cette matière, que si l'obligation primitive résultant du crime ou du délit avait été convertie en une obligation civile ordinaire par une transaction intervenue entre les parties, la prescription des articles 637 et 638 du C. d'Instr. ferait place à la prescription du droit civil.

§ 2. DU TEMPS REQUIS POUR PRESCRIRE. — INTERRUPTION DE LA PRESCRIPTION.

Aux termes du Code d'Instruction, la prescription de l'action publique et de l'action civile résultant d'un crime, d'un délit ou d'une contravention, court du jour où le fait punissable a été commis, et elle est accomplie

(1) Paris, 24 février 1855.
(2) Voy. Jousse, *Just. crim.*, I, p. 603; Muyart de Vouglans, *Instr. du droit crim.*, p. 93.

après la dernière année *révolue*. La jurisprudence, d'accord avec la doctrine, décide que le jour à compter duquel la loi fait courir la prescription est compris dans les délais qu'elle a fixés. Cette règle discutable en droit civil ne l'est pas en nos matières, devant les termes des articles 637 et 640, (1).

Puisque c'est à compter du jour où les crimes, les délits ou les contraventions ont été commis que commence la prescription des actions qui en résultent, il est évident qu'elle ne court pas pendant qu'ils se commettent ; il est clair aussi que si un crime ou un délit est commis par le concours de plusieurs faits, la prescription ne commence qu'après l'accomplissement du dernier fait qui constitue l'un des éléments du crime ou du délit. Ce sont les délits *successifs* ou *continus;* leur caractère propre est que, existants et accomplis du moment où l'action coupable a lieu, ils se continuent et se prolongent tant que l'action se continue et se prolonge elle-même ; ils ne prennent fin et deviennent prescriptibles que lorsque l'action a cessé. Je n'ai à pas examiner ici les difficultés que soulève cette classe de délits, à voir quels faits coupables y rentrent, à rechercher, en un mot, les éléments constitutifs de divers délits sur lesquels on discute ; ces questions se réfèrent à l'action publique et sont complétement étrangères à l'action civile, qui n'est pas modifiée par la solution qu'elles peuvent recevoir. Ce que je dois néanmoins

(1) Mangin, n° 319 ; Faustin Hélie, § 491 ; Cassat., 10 janvier 1845.

faire ressortir, c'est la différence qui sépare les délits successifs de ce qu'on a appelé les délits *d'habitude*. « Dans la plupart des cas, un seul fait ayant les caractères marqués par la loi générale suffit pour qu'il y ait délit, de telle sorte que la pluralité de ces faits est une modalité accidentelle qui peut se présenter ou ne pas se présenter ; dans d'autres cas, au contraire, cette pluralité forme une condition *sine quâ non* du délit. Il arrive, en effet, par exception, que le législateur n'a pas voulu frapper pénalement un fait isolé, mais qu'il a attendu, pour y voir un délit, la réunion d'un certain nombre de faits du même genre, dénotant chez l'agent une habitude vicieuse, et faisant naître dès lors un intérêt de répression pour la société (1). » Tel est, par exemple, le délit de se livrer *habituellement* à l'usure ; un fait particulier d'exaction d'intérêts usuraires n'est pas punissable ; la réclamation civile qu'il fait naître ne peut donc pas être portée devant la juridiction correctionnelle, même lorsque l'individu à qui il est reproché se trouve poursuivi par suite d'un nombre de faits qui établissent l'habitude atteinte par la loi pénale (2). En effet, puisque l'action civile ne peut résulter que d'un délit, lorsque le délit se compose de plusieurs faits répétés, comme dans notre espèce, un seul fait usuraire n'autorise pas celui qui en a été victime à se porter partie civile ; ce n'est pas du délit qu'il a souffert, c'est d'un contrat prohibé par

(1) Ortolan, *Traité de droit pénal*, classification des délits.
(2) Cassat., 29 février 1830.

la loi; ce qu'il vient demander à la justice, c'est l'annulation d'un contrat illicite, la restitution des sommes illégalement perçues. Il s'agit donc simplement d'une question de droit civil à laquelle on ne peut appliquer que les règles du Code Napoléon; les principes de la prescription criminelle lui sont étrangers; elle n'est soumise qu'à la prescription trentenaire (1).

Je n'ai point à énumérer les différentes prescriptions que des lois spéciales ont appliquées à certaines espèces de délits; rien n'y concerne mon sujet, sinon cette exception au principe général que j'ai déjà signalée, et suivant laquelle l'action civile, pour un délit de presse, survit à l'action publique (Loi du 26 mars 1819, art. 29). J'arrive, sans plus tarder, à l'interruption de la prescription.

Dans l'ancien droit, la prescription en matière criminelle ne pouvait pas être interrompue (*Voy.* Bornier, sur l'Ordonnance de 1670, tit. XVII). Au reste, le long temps exigé dans la plupart des cas (vingt ans), rendait

______

(1) D'après la loi du 27 décembre 1850, la récidive du délit d'usure résulte d'un fait unique (art. 3), en sorte que l'action civile paraît naître en même temps que l'action publique. Je ne crois pas cependant que, même en ce cas, nous nous trouvions en face d'une action civile ordinaire, soumise aux règles du Code d'instruction; il est vrai qu'un seul fait usuraire suffit, dans l'espèce, pour rendre son auteur passible de la police correctionnelle; mais pourquoi? Parce que ce fait rapproché d'une condamnation antérieure qui n'a pas cinq ans de date, suppose la continuation de l'habitude que la loi punit. Quant à la réclamation civile, elle est indépendante de tous faits antérieurs, elle résulte simplement d'un contrat illicite, et la récidive criminelle ne change point son caractère.

inutiles les interruptions que le droit admet aujourd'hui. Il a paru juste au législateur moderne que la prescription criminelle pût être interrompue comme la prescription civile, que les poursuites intentées par les parties publique ou privée conservassent leur droit; les actes d'instruction et de poursuite empêchent les preuves de dépérir, et elles perpétuent le souvenir du fait incriminé.

En matière criminelle, la prescription a pour base, non point, comme en droit civil, une présomption favorable à la défense, mais la présomption des vices et des lacunes d'une procédure trop longtemps organisée après l'accomplissement des faits qu'elle devait constater. Il suit de là que les causes d'interruption, beaucoup plus restreintes qu'en matière civile, ne sont puisées que dans des faits qui font obstacle au dépérissement des preuves et qui supposent leur existence. Ainsi, « les guerres, les troubles qui agitent l'État, n'interrompent point la prescription des actions criminelles, et quand il intervient au retour de la paix un édit, une déclaration qui compte pour rien, en fait de prescription, tout le temps qu'ont duré les hostilités, on ne comprend pas les actions criminelles dans les dispositions de ces lois (1). » Ainsi encore la démence de l'accusé, bien qu'elle soit un obstacle à son jugement, n'interrompt pas la prescription, et la minorité de la partie lésée n'empêche point l'action civile de se prescrire.

(1) Merlin, *Répert.*, v° *Prescription*, sect. 3, § 7, art. 1er.

On comprend qu'il en doit être tout autrement quand l'obstacle qui s'oppose à l'exercice de l'action vient de la loi elle-même; il est impossible que la loi suspende l'exercice de l'action et la frappe en même temps de prescription, parce qu'elle n'a pas été exercée; c'est l'application de la maxime *Contra non valentem agere non currit præscriptio.* Je n'ai point à me prononcer sur la valeur de ce brocard, ni à chercher s'il faut, en droit civil, l'appliquer dans tous les cas où la raison et l'équité du juge le croiront juste et utile. Mais, à coup sûr, en droit criminel, cette théorie absolue ne peut pas être présentée; si la prescription veut atteindre la négligence des parties poursuivantes, elle a pour but principal de protéger la défense. Ce n'est donc que lorsque l'obstacle à l'exercice de l'action vient, non des parties, mais de la loi, que cette maxime peut recevoir une application légitime (1). Cela se présentera en plusieurs hypothèses : l'action publique est suspendue et la prescription ne court pas contre les crimes dont la poursuite ou le jugement sont subordonnés à la décision d'une question préjudicielle; par exemple, le crime de suppression d'état ne peut se prescrire tant que la question d'état n'a pas été tranchée définitivement par les tribunaux civils (art. 326 et 327 C. N.). A l'inverse, lorsque l'action civile est poursuivie séparément de l'action publique, l'exercice en est *suspendu,* dit l'art. 3 du Code d'instruction, tant qu'il n'a pas été prononcé définitivement sur l'action publique intentée

(1) Conf. Cassat , 7 février 1810.

avant ou pendant la poursuite de l'action civile. Il en résulte évidemment que la prescription ne court pas contre celle-ci.

De même, la prescription ne court pas pendant tout le temps qui s'écoule entre la demande en autorisation de poursuites contre un fonctionnaire public et l'obtention de cette autorisation. Enfin, lorsqu'un individu est poursuivi à la fois pour un crime et pour un délit, et que la mise en accusation ne porte que sur le crime, la prescription du délit est interrompue jusqu'à ce qu'il ait été statué sur cette accusation. La cause en est que la condamnation pour crime, si l'accusé est jugé coupable, aura pour effet de le soustraire aux peines encourues à raison du délit, puisque les peines ne peuvent pas être cumulées. Dans ces deux cas, la prescription de l'action civile est suspendue aussi bien que celle de l'action publique.

Mais sont-ce bien là des cas de *suspension* de la prescription et ne doit-on pas dire que le droit criminel n'admet que des causes d'*interruption* ? La question est d'une haute importance; car tandis que l'*interruption* brise et met à néant la prescription qui était en voie de s'accomplir au moment du fait interruptif (en sorte que la seule chose désormais possible, c'est une autre prescription recommençant à nouveau, et pour laquelle ne comptera pas le temps antérieur qui est complétement effacé), — la *suspension*, comme par un simple temps d'arrêt, empêche la prescription de continuer tant que durera la cause suspensive, et laisse complétement efficace la partie précédemment acquise de cette prescription, qui n'aura plus ainsi qu'à se compléter quand cessera la cause de la suspension.

M. Mangin (n° 360) soutient que le droit criminel admet seulement l'interruption : « Pour admettre, dit-il, que le temps qui a précédé doit être compté, il faudrait introduire dans le droit criminel les règles du droit civil qui concernent la suspension de la prescription, et l'on ne pourrait les y introduire qu'autant que les causes qui suspendent la prescription, en matière civile, pourraient être communes aux matières criminelles. Or, c'est ce qui n'est pas. Ces cas sont, dans le droit civil, l'état de minorité, d'interdiction, de femme mariée; elles résultent enfin de ce que la personne à laquelle on prétend opposer la prescription, s'est trouvée dans une position qui excluait la capacité, la possibilité ou la volonté de donner un consentement. On voit que ces causes sont entièrement étrangères au droit criminel. » L'éminent jurisconsulte n'a pas pris garde que dans les cas que nous avons cités plus haut, la cause pour laquelle le cours de la prescription est arrêté, est précisément la maxime *Contra non valentem.....* d'où découlent les causes de suspension de la prescription en matière civile. Sans doute, les causes de suspension ne sont pas toutes admises ici; mais c'est que la prescription criminelle a une autre base que la prescription civile et que, dans nos matières, on ne peut admettre, pour suspendre la prescription, que les obstacles qui viennent de la loi elle-même et non des parties. Mais il n'en est pas moins vrai qu'en principe, la cause de suspension, d'où dérivent toutes les autres, est reçue et appliquée dans le droit criminel, et je ne vois pas comment, suspensive en matière civile, elle deviendrait interruptive en matière criminelle.

En matière civile, le cours de la prescription est interrompu en faveur des incapables; mais l'admission d'une question préjudicielle ne place-t-elle point la partie poursuivante dans l'impossibilité d'action où se trouve l'incapable? Il ressort évidemment de la nature des choses qu'un obstacle apporté au cours de la prescription et résultant de l'impossibilité d'agir, ne fait qu'arrêter ce cours, mais sans le faire rétrograder en quelque sorte, comme cela aurait lieu s'il fallait recommencer à prescrire *à novo;* tandis qu'au contraire, l'interruption, lorsqu'elle est dirigée contre la prescription elle-même, comme un acte d'instruction et de poursuite, doit effacer le temps écoulé et détruire les droits acquis jusque-là. La prescription était destinée à empêcher des poursuites, si elle se fût accomplie. Par cela même que des poursuites ont eu lieu avant son accomplissement, on conçoit que son effet étant manqué, ou plutôt son but n'ayant pu être atteint, le législateur ait pu vouloir qu'elle recommençât de nouveau pour produire contre les actes à venir, si elle s'accomplissait, l'effet qu'elle n'avait point produit contre les actes passés (1).

M. Faustin Hélie qui soutient avec sa verve habi-

(1) Le Sellyer, n° 2291.

tuelle l'opinion de Mangin, objecte (III, p. 734) que la
loi criminelle n'a posé qu'une seule règle et que, dès
lors, il y a lieu de l'appliquer à tous les cas où la prescription est arrêtée dans son cours. Mais ne peut-on
pas répondre que dans les articles 637 et 638, le législateur ne vise que les actes d'instruction et de poursuite,
c'est-à-dire de véritables causes d'interruption, et que,
quant aux causes de suspension qu'il admet implicite-
ment, il s'en réfère aux règles toutes logiques et toutes
naturelles du droit civil (1)?

Je conviens, au reste, que la question ne présentera
pas souvent un bien grand intérêt; ainsi, en ce qui
concerne les crimes et les délits, l'admission de la question préjudicielle sera nécessairement précédée d'un
acte d'instruction ou de poursuite qui interrompra la
prescription; si l'exercice de l'action civile est suspendu pendant le jugement de l'action publique, la
demande qui a saisi la juridiction civile a été un acte
interruptif; si les deux actions sont suspendues par la
nécessité de demander l'autorisation de mettre en jugement un fonctionnaire public, il me paraît que cette
demande avec l'information à laquelle il est nécessai-

(1) M. Mangin fait observer que la prescription n'a été introduite
en matière criminelle que dans la crainte que les preuves ne vinssent
à dépérir, et que cela n'est pas à craindre quand il y a suspension;
car l'affaire étant engagée, le juge est entouré de preuves. — M. Le
Sellyer (loc. cit.) répond avec raison que plus il s'écoulera de temps
entre le moment où l'infraction a été commise et celui où la prescription est acquise, plus évidemment les preuves auront été exposées à
périr.

rement procédé, constitue un véritable acte de poursuite et brise le cours de la prescription. Mais l'intérêt se manifeste quand il s'agit de contraventions, puisque aucun acte de poursuite ou d'instruction, si ce n'est une condamnation, n'en interrompt la prescription, aux termes de l'article 640. M. Mangin, comme argument suprême, dit qu'il pourra arriver, avec notre système, que si l'impossibilité pour le tribunal de statuer ne se déclare que la veille du jour où la prescription devait s'accomplir, le juge se trouvera sans pouvoir pour statuer sur le fond. Ce n'est pas en exposant les inconvénients plus ou moins réels que peut entraîner l'application d'un principe, qu'on détruit le principe lui-même, et il me semble que, si jamais cette hypothèse se présente, les parties n'auront à s'en prendre qu'à elles-mêmes de la perte de leurs droits qu'elles ont pensé trop tard à exercer. En somme, malgré le silence de la loi criminelle, il n'y a rien qui s'oppose à l'admission dans nos matières des règles du droit civil. Est-il bien vrai, d'ailleurs, que la prescription criminelle soit si complétement étrangère à la prescription civile ? Toutes deux dérivent du même principe supérieur et originaire, de la même cause déterminante, qui est la sûreté et la tranquillité des relations sociales. Toutes deux ont ce caractère commun d'être contraires à des droits, puisque l'une rend inutile le droit de propriété, l'autre le droit de demander réparation des crimes, et cette exception à la règle, toutes deux la puisent dans le même élément : le temps écoulé. Il n'est donc rien d'étonnant qu'avec des ressemblances si essentielles, ces deux institutions soient soumises à des règles analogues, et j'ai peine à m'expliquer la timidité, même la répugnance avec laquelle les auteurs recourent à la loi civile pour éclaircir les difficultés de la prescription criminelle; la loi criminelle n'a fait qu'indiquer les principes, la loi civile les a tous développés.

J'arrive aux causes d'interruption; c'est ici que les questions vont se multiplier; je n'en toucherai que ce qu'il faut pour ne pas laisser incomplet l'ensemble de mon sujet.

En ce qui concerne les crimes et les délits, la prescription est interrompue par des actes d'instruction ou de poursuite non suivis de jugement (art. 637). Les actes d'instruction sont ceux qui ont pour objet de constater le crime et ses circonstances, et d'en découvrir les auteurs; les actes de poursuite sont ceux qui ont pour objet de traduire le prévenu en jugement ou de s'assurer de sa personne (1). Ainsi les procès-verbaux dressés par les officiers de police judiciaire, tous les actes faits par le juge d'instruction dans le cours de la procédure sont des actes d'instruction, comme les réquisitions du ministère public aux officiers de police judiciaire, au juge d'instruction, aux agents de la force publique, et les citations qu'il fait donner aux prévenus sont des actes de poursuite. Mais il n'y a réellement d'actes d'instruction ou de poursuite capables d'arrêter

(1) *Conf.*, Cassat. 11 juin 1816.

la prescription, qu'autant qu'ils émanent de fonctionnaires qui tenaient de la loi le droit de les faire (art. 1¹. C. Instr. cr.). « Pour que des actes puissent interrompre la prescription, dit M. Barris dans sa 281ᵉ note, il faut qu'ils soient faits par un magistrat ou officier *ayant caractère* pour instruire ou pour suivre *sur les faits du délit;* car si ce caractère manque, l'acte d'instruction ou de poursuite ne pourra pas interrompre la prescription. »

La loi n'exige pas que les actes d'instruction et de poursuite auxquels elle donne l'effet d'interrompre la prescription, aient été dirigés contre des individus déterminés; il suffit que ces actes aient pour objet de constater un crime ou un délit, ou d'en découvrir les auteurs; les actes d'instruction ou de poursuite ainsi faits sur un crime ou sur un délit, la prescription est arrêtée contre tous ceux, indéfiniment, qui peuvent y avoir participé (1). Il résulte de là que la citation donnée à l'un des prévenus interrompt la prescription à l'égard de tous ceux qui ont participé au délit, lors même qu'ils ne sont pas compris dans cette citation. De ce droit qui appartient au ministère public et à la partie civile, dans la matière correctionnelle, de citer directement le prévenu à l'audience, on a conclu que la citation seule interrompt la prescription. C'est une erreur; le ministère public peut porter directement son action devant le tribunal ou requérir une instruction ;

___

(1) Cassat., 16 décembre 1813. — Il faut dire la même chose de la citation devant le tribunal correctionnel. Cass., 13 avril 1833.

il est évident que l'exercice de cette faculté ne peut nuire à l'action qu'elle a pour but de conserver. Il faut donc admettre que si l'un des actes d'instruction a été fait pendant le délai de la prescription, la prescription est interrompue, lors même que la citation est donnée hors du délai.

Les plaintes et les dénonciations provoquent l'instruction et la poursuite, mais ce ne sont des actes ni d'instruction ni de poursuite ; elles déclarent l'existence d'un fait punissable, mais elles ne constituent aucune demande en justice (1). Mais que décider, lorsque la plainte est accompagnée de la constitution de partie civile devant le juge d'instruction? M. Faustin Hélie (t. III, p. 724) soutient que cette constitution saisit le juge et oblige la juridiction criminelle à statuer; j'ai déjà combattu cette opinion; j'ai essayé de démontrer que la partie civile ne peut qu'en certains cas seulement, et notamment dans les matières correctionnelles, mettre l'action publique en mouvement par une citation directe devant le tribunal; que, l'action publique formée, elle ne participe point à son exercice; qu'elle ne peut pas par ses diligences et les recours qu'elle exerce, relever le ministère public de ses déchéances. Comment donc admettre que les diligences de la partie lésée peuvent la conserver, quand elle n'est pas même intentée (2)? Deux exceptions seulement sont apportées par la loi à ce principe : la partie civile peut citer

(1) Le Sellyer, n° 2219.
(2) Mangin, n° 351.

directement le prévenu devant la juridiction correctionnelle (art. 182, C. inst. crim.), et dès lors empêcher la
prescription de l'action publique ; — en second lieu,
aux termes de l'article 135 du Code d'instruction, la
partie civile peut former opposition à toute ordonnance du juge d'instruction faisant grief à ses intérêts
privés ou permettant la mise en liberté du prévenu ;
cette opposition interrompt encore la prescription de
l'action publique, puisqu'elle saisit la chambre d'accusation de la cour impériale. Mais, hors ces cas exceptionnels, la partie civile n'a aucune influence sur l'action publique, et sa plainte ne peut en interrompre la
prescription.

Quant à l'influence de la plainte avec constitution
de partie civile sur l'action privée, M. Le Sellyer soutient qu'elle ne peut remplacer la demande en justice,
tout en convenant qu'elle a pour but de remplacer une
demande ; conséquemment, suivant lui, elle n'interrompt pas la prescription de l'action civile elle-même.
Je ne puis me ranger à cette opinion ; les parties lésées
par un fait punissable peuvent en poursuivre la réparation devant le juge de l'action publique ; or la plainte
portée devant le magistrat compétent, revêtue des formes prescrites par les articles 63 et suivants du Code
d'instruction, est réellement un acte introductif de leur
demande, une véritable poursuite dans leurs intérêts.
Le ministère public est libre de ne pas agir de son côté :
mais son inaction n'empêche pas que la partie civile
ait fait ce que la loi lui ordonnait de faire pour conser-

ver son action et l'exercer. Si le ministère public refuse de donner suite à la plainte, elle s'adressera aux tribunaux civils, et elle pourra se prévaloir de sa plainte comme d'un acte interruptif de prescription (1).

Si la plainte de la partie civile n'interrompt pas la prescription de l'action publique, à plus forte raison doit-on dire la même chose, lorsque la partie lésée porte directement son action devant les tribunaux civils. Mais, de son côté, l'exercice de l'action publique conserve-t-il l'action privée?

Nous supposons d'abord l'action civile portée devant le juge de l'action publique conjointement avec celle-ci; sur ce premier point, la solution n'est pas douteuse, puisque l'action privée se trouvant l'accessoire de l'action publique, le principal emporte l'accessoire (2). La difficulté ne commence que lorsque la partie lésée a formée sa demande en réparation civile postérieurement à l'action publique, après qu'il a été statué définitivement sur celle-ci. La prescription a-t-elle été interrompue par la poursuite du ministère public et n'a-t-elle repris son cours qu'à compter, soit du dernier acte de ces poursuites, soit du jugement définitif qu'elles ont provoqué? « Des réparations civiles, dit M. Mangin, supposent l'existence d'un fait punissable qui leur sert de base; comment concevoir alors que l'action pour les obtenir puisse se prescrire, pendant que le ministère public agit pour établir l'existence de ce fait,

(1) Legraverend, t. I, p. 80. — Mangin, n° 365.
(2) Mangin, n° 354; Le Sellyer, n° 2216.

en convaincre et en punir le coupable ? Il semble que, bien loin de faire courir la prescription contre l'action civile, le législateur aurait dû ordonner qu'elle ne serait intentée qu'après le jugement à intervenir sur l'action publique. Cependant, il a permis de la former avant ou pendant les poursuites du ministère public, mais sous la condition qu'il sera sursis au jugement jusqu'à ce qu'il ait été statué définitivement sur l'action publique. L'action publique tient donc en suspens l'action civile ; si elle la tient en suspens, la loi avertit qu'on ne peut la former que quand l'autre est jugée. Un pareil avertissement me paraît inconciliable avec la pensée que la prescription peut cependant l'anéantir avant qu'il ait été définitivement statué sur l'action blique. Je crois que les poursuites du ministère pu-public suspendent la prescription de l'action civile, qu'elle ne commence qu'à partir du dernier de ses actes ou du jugement définitif qui en a été la suite. »

On a voulu conclure de là, qu'après le jugement définitif intervenu sur l'action publique, la prescription de l'action civile change de nature ; on a dit que les tribunaux civils n'ayant plus aucun fait à constater, mais seulement à faire droit sur une demande en réparation du préjudice causé, l'action civile devait rester soumise aux seules formalités applicables aux poursuites civiles et ordinaires, que dès lors il n'y avait plus que la prescription trentenaire qui lui fût opposable ; car, ajoutait-on, il est impossible qu'un délinquant soit traité avec plus de faveur que celui qui a causé à

autrui un simple préjudice (1). Ceci est la critique de
la loi, la grande objection de ceux qui ne voudraient
pas de prescription particulière en matière criminelle.
Il est facile de l'écarter: le législateur n'a pas voulu,
dans un intérêt social, que les débats en matière criminelle eussent lieu à une époque trop éloignée de la
perpétration du délit, pour éviter le dépérissement des
preuves, pour empêcher que l'honneur des citoyens
fût à la merci d'une accusation dont il leur serait presque impossible d'écarter le scandale. Si ces considérations sont vraies, qui ne voit qu'elles s'appliquent
presque avec la même force à l'action civile qu'à l'action publique ? Il est vrai que les tribunaux civils n'ont
aucun fait à constater, mais encore devront-ils entrer,
pour l'appréciation du dommage causé, dans l'examen
de circonstances dont le souvenir, c'est le vœu de la loi,
ne doit pas avoir un trop long retentissement. Cette
loi est-elle donc si obscure? Le Code d'Instruction veut
que l'action civile n'ait pas plus de durée que l'action
publique; l'article 3 prévoit le cas où elle se poursuit
après la condamnation provoquée par l'action publique, et cependant les articles 637 et 638 réglant la
prescription de cette action, ne font aucune distinction pour le cas où elle a été intentée après le jugement de l'action publique. Bien mieux, l'article 2
porte que la prescription criminelle est applicable à
l'action civile exercée contre les héritiers du coupable,

(1) Caen, 8 janvier 1827. — Nîmes, 27 mars 1833.

et dans ce cas, forcément, l'action civile s'exerce iso-lément de l'action criminelle éteinte par le décès ou déjà jugée. L'article 642 n'applique plus la prescription criminelle, mais pour quoi ? pour les *condamnations* ci-viles accordées par les arrêts criminels ou les jugements correctionnels ; c'est à ces condamnations seules que s'applique la prescription trentenaire admise en droit civil. Il est évident, comme le fait remarquer M. Man-gin (n° 355), que les arrêts que je combats ont confondu la condamnation des dommages-intérêts avec sa con-damnation provoquée par l'action publique : « Cette condamnation est un titre péremptoire pour obtenir des réparations civiles ; mais elle ne tient pas la place du jugement qui les accorde. »

Pour que les actes d'instruction et de poursuite in-terrompent la prescription, il faut, avons-nous dit, qu'ils émanent de fonctionnaires compétents pour y procéder ; doit-on donner la même solution, quand la citation donnée au prévenu l'a été devant un tribu-nal incompétent ? Une jurisprudence constante décide la négative et applique, sans hésiter, l'article 2246 du Code Napoléon aux matières correctionnelles. En effet, de même que des actes d'instruction ou de poursuite émanés d'un magistrat ou officier public ayant caractère pour instruire ou poursuivre sur le fait du délit considéré en lui-même sont des actes vala-bles, de même qu'ils établissent que l'action de la jus-tice a été mise en mouvement, quel que soit d'ailleurs le tribunal qui, à raison de la qualification du délit ou de la situation du prévenu, devra postérieurement prononcer, que, par conséquent, lorsqu'ils sont faits avant que la prescription soit acquise, ils en détruisent la source en arrêtant son cours; — de même, la citation donnée par la partie civile a eu l'effet de saisir le tribunal, d'obliger le prévenu d'y comparaître pour présenter ses défenses ou opposer son déclinatoire; lors donc qu'elle a été régulière en la forme, elle a eu un caractère légal et a ainsi constitué un acte de poursuite; si cette poursuite a été mal dirigée à raison de l'incompétence du tribunal, elle n'en a pas moins existé, et elle a dû conséquemment interrompre la prescription (1).

En principe, un jugement de condamnation ne peut être regardé comme un acte de poursuite, puisque la poursuite est terminée par une sentence qui prononce une peine et statue sur les réparations civiles. Cependant, cela n'est rigoureusement vrai que du jugement définitif; la procédure, en ce cas, est irrévocablement terminée; à la prescription de l'action succède celle des condamnations. Le jugement définitif est celui contre lequel le prévenu ne peut plus se pourvoir par la voie de l'opposition ou celle de l'appel. Un jugement qui peut être réformé n'est, à vrai dire, qu'un acte de poursuite qui a bien interrompu la prescription, mais qui n'oppose aucun obstacle à ce qu'elle recommence son cours. Aussi l'article 636 ne fait-il courir la

(1) Cassat. 18 janvier 1822, 23 janvier 1827, 10 mai 1838, 7 septembre 1849.

prescription de la peine prononcée par les jugements correctionnels qu'à la date du jugement ou de l'arrêt rendu en dernier ressort, et à compter du jour où les jugements ne peuvent plus être attaqués par la voie de l'appel, s'ils ont été rendus par des tribunaux de première instance; et l'article 642 ne soumet les condamnations civiles à la prescription établie par le code Napoléon, que lorsqu'elles sont devenues irrévocables (1).

Il résulte de là que le jugement par défaut frappé d'opposition a sans doute interrompu la prescription; mais que, s'il n'a pas été suivi d'autres actes d'instruction ou de poursuite, la prescription est acquise après trois ans écoulés depuis sa date. De même, lorsque le jugement contradictoire de première instance est frappé d'appel, et que, sur cet appel les poursuites sont discontinuées pendant trois ans, ce jugement n'acquiert pas l'autorité de la chose jugée, mais l'action publique et l'action civile sont éteintes. En effet, par l'appel, la juridiction supérieure se trouve nantie de l'instance; et dès lors, aucune condamnation ne peut être exécutée contre le prévenu que de l'autorité de cette juridiction. Si, à partir du moment où elle est saisie, ni le ministère public, ni la partie civile n'ont fait leurs diligences pour arriver à une décision définitive, la prescription anéantit les deux actions (2). C'est dire que la péremption d'instance n'existe pas en ma-

(1) Voy. la note 282, de M. le président Barris.
(2) Toulouse, 8 décembre 1836.

tière criminelle; l'instance subsiste aussi longtemps que dure l'action et elle ne périt qu'avec elle; en effet, la loi ne distingue pas entre l'action et la poursuite; elle assigne une durée à l'action, sans rien fixer sur la durée de l'instance (1).

Si le jugement rendu en matière correctionnelle qui, aux termes de l'art. 187 du Code d'instr., doit être signifié au prévenu pour faire courir le délai de l'opposition ou de l'appel, ne l'a pas été dans les trois ans qui ont suivi sa prononciation, ou s'il ne l'a été que d'une manière irrégulière et nulle, l'action publique et l'action civile sont également éteintes par prescription.

Si ce jugement est annulé par la Cour de cassation, ni ce jugement qui doit être considéré comme non avenu, ni l'arrêt de cassation qui n'a eu pour objet que de régulariser la procédure ou de fixer le sens de la loi, n'opèrent la fin des poursuites. Il y a toujours lieu à la prescription de l'action qui court de la date de l'arrêt de cassation : c'est ce qui a été jugé sous l'empire du code de brumaire an IV, et qui devrait l'être encore aujourd'hui. (Cassat. 3 nivôse an XI.)

Les règles que nous venons d'exposer ne s'appliquent point aux contraventions de police prévues par le Code pénal (art. 640 Code instr. crim.); aucun acte d'instruction ou de poursuite n'en interrompt la prescription; le tribunal de police doit juger définitivement

(1) Cassat., 23 septembre 1836. — Mangin, t. II, p. 220.

dans l'année de la contravention; le juge d'appel doit statuer dans l'année de la notification de l'appel. C'est à la partie civile et au ministère public à faire leurs diligences pour que le procès soit jugé définitivement. Cependant, si la prescription ne peut être interrompue en matière de police, elle peut être suspendue, comme nous l'avons établi plus haut, lorsque le ministère public et la partie civile sont placés par la volonté de la loi dans l'impossibilité de faire juger leurs actions (1). Quand l'obstacle qui s'opposait au jugement de l'action se trouvera levé, la prescription reprendra son cours, de sorte que le temps ne sera plus demandé que pour compléter la prescription et non pour la recommencer entièrement. C'est surtout, avons-nous dit, pour les contraventions de police que la question présente un intérêt pratique; nous l'avons assez soigneusement traitée pour que nous soyons dispensé d'y revenir. Cependant une question se présente, qui a besoin d'être éclaircie : il s'agit de savoir quels sont les effets du pourvoi en cassation et de la cassation en ces matières.

D'après l'article 177 du Code d'instruction, le ministère public et les parties « peuvent se pourvoir en « cassation contre les jugements en dernier ressort « rendus par le tribunal de police, ou contre les juge- « ments rendus par le tribunal correctionnel sur l'ap- « pel des jugements de police. » Il peut arriver que quand la Cour de cassation annule ces jugements, il

____

(1) Cassat., 27 mai 1843, 29 août 1846.

se soit écoulé plus d'un an depuis l'existence de la contravention, ou depuis l'appel du jugement qui a été cassé; il peut arriver aussi que, la Cour de cassation ayant prononcé dans les délais, le tribunal auquel le renvoi de l'affaire a été adressé ne prononce qu'après qu'ils sont expirés. La prescription est-elle acquise? Ce qu'il faut avant tout constater, c'est que la voie du recours en cassation est ouverte au ministère public et à la partie civile contre tout jugement de police rendu en dernier ressort (art. 177 et 413); si l'article 640 déclare les actions publique et privée prescrites après une année à compter du jour où la contravention a été commise, si dans cet intervalle, il n'est point intervenu de condamnation, il faut bien convenir que cet article ne présentant aucune disposition restrictive d'un droit de recours formellement accordé par la loi, l'exercice de ce recours ne doit être assujetti à d'autres règles et à d'autres conditions qu'aux formes et aux délais prescrits par l'article 373, et qu'ainsi un tel pourvoi doit produire son effet légal, quelle que soit la nature du jugement qui en est l'objet. Or quel peut être l'effet légal de ce pourvoi, sinon la conservation de l'action publique et de l'action civile? L'article 172 réserve l'appel au seul prévenu contre un jugement de condamnation et l'article 640 accorde, en ce cas, au ministère public et à la partie civile une prolongation de durée à leur action; pourquoi, lorsque l'article 177 leur laisse à leur tour un recours contre un jugement qui renvoie le prévenu, ne verraient-ils pas aussi la durée de leur action prolongée? Ils sont dans l'impossibilité d'agir; comment ne pas suspendre la prescription, si on ne veut pas leur laisser des droits illusoires? Il nous paraît donc incontestable que le jugement cassé a interrompu la prescription, que la prescription ne peut plus courir qu'à dater de ce jugement, et qu'elle est suspendue pendant toute la durée du pourvoi (1).

§ III. A QUELLES ACTIONS CIVILES S'APPLIQUE LA PRESCRIPTION CRIMINELLE?

Il faut bien remarquer que la prescription établie par la loi criminelle n'atteint que celles des actions civiles qui naissent directement du délit et non pas celles qui peuvent résulter d'un contrat ou d'un autre / droit préexistant. Le délit du débiteur lorsqu'il naît de la violation du contrat, ne saurait être une cause d'aggravation de la condition du créancier, en abrégeant le délai dans lequel celui-ci doit, à peine de déchéance, exercer son action. La violation d'un dépôt, par exemple, constitue l'abus de confiance puni par l'article 408 du Code pénal; antérieurement au détournement des choses confiées, il existait un contrat de droit civil résultant de l'acceptation de ces objets par le dépositaire; ce contrat donnait lieu à une action en répétition dont la durée était fixée par le droit civil; ce n'est pas

(1) Cassat., 21 octobre 1830; Mangin, n° 362.

le délit qui a pu changer la condition des parties contractantes et réduire les droits du créancier. Si la mauvaise foi du débiteur a causé au déposant un dommage autre que la perte de l'objet confié, ce dommage résulte vraiment d'un délit et la prescription de l'action en réparation est soumise aux règles de la loi criminelle; mais l'action en répétition de l'objet lui-même naît d'un contrat antérieur au délit : son étendue et sa durée ne peuvent être restreintes que par l'application des règles du droit civil. En un mot, pour que l'action civile soit frappée par la prescription criminelle, il faut qu'elle naisse immédiatement et directement d'un fait qualifié par la loi crime, délit ou contravention ; si elle résulte d'un droit préexistant, la prescription trentenaire est seule applicable. Ainsi l'on a jugé avec raison que la prescription de l'action criminelle pour dilapidation de deniers publics n'emporte pas prescription de l'action civile en remboursement des sommes dues par le comptable (Cassat., 23 janvier 1822); on a encore jugé (Cassat., 6 juillet 1829) que, si l'action contre un fonctionnaire qui a exigé au delà de ce qui était dû à l'État, a été dirigée, non dans le but de dénoncer un crime de concussion et d'obtenir des dommages-intérêts à raison de ce crime, mais dans le seul but de rentrer dans les sommes que ce fonctionnaire a perçues au delà de ce qui était dû et qu'il s'est appropriées, cette action n'est pas atteinte par la prescription de dix ans.

M. Mangin, qui admet sans difficulté ces principes

en ce qui concerne le délit résultant de la violation
d'un contrat, prétend que la prescription de l'action
civile sortie d'un fait délictueux interdit à la partie
lésée, non-seulement toute demande en dommages-
intérêts, mais encore toute demande en restitution;
car, dit-il, l'effet de la prescription est d'établir que le
fait dommageable n'a pas existé. — C'est là, sans aucun doute, une erreur de cet excellent esprit; M. Mangin a reconnu lui-même que la prescription criminelle
ne s'applique qu'aux seules réparations qui puisent
leur principe dans le délit; or, quand je revendique la
chose volée, est-ce que je m'appuie sur le vol pour réclamer ma chose? En aucune façon; je ne fais qu'invoquer mon droit de propriété, et l'articulation du délit
reste étrangère à ma demande. L'action civile proprement dite est celle qui est exclusivement fondée sur le
droit de demander la réparation du dommage causé
par un fait punissable; ici, ce n'est pas la réparation
du dommage causé que je réclame, c'est la reconnaissance de ma propriété, d'un droit antérieur au délit.
Il faut donc décider que l'action du propriétaire en revendication d'une chose qui lui a été soustraite ne se
prescrit que par trente ans à l'égard de l'auteur de la
soustraction.

Cependant une objection sérieuse vient jeter quelque doute sur cette solution; elle résulte de la maxime:
En fait de meubles, possession vaut titre. Cette maxime,
dit-on, ne cesse de recevoir application que quand il
existe, de la part du possesseur d'un objet mobilier,

une obligation personnelle de le restituer, et cette obligation ne peut se prouver qu'en établissant le fait du vol; or, la prescription a effacé les traces de l'existence du délit. Cette difficulté n'est pas insurmontable; je le répète, l'action en revendication naît du droit de propriété; cette maxime vient y faire obstacle; mais son but est-il de couvrir le possesseur de mauvaise foi? Non; évidemment si donc le demandeur peut établir la mauvaise foi du possesseur, il fait tomber l'exception et son droit apparaît indiscutable. Pour faire cette preuve de la mauvaise foi, il n'est pas nécessairement forcé de reproduire l'imputation d'une soustraction frauduleuse; j'admets même que les faits articulés présentent tous les caractères d'un vol, sa preuve n'en devrait pas moins être admise, puisqu'elle ne serait pas invoquée comme fondement de l'action, mais seulement comme moyen de repousser une exception empreinte de mauvaise foi (1).

Il faut donc tenir pour constant que la prescription établie par les lois criminelles n'est applicable aux actions civiles qu'autant que ces actions ont réellement pour base un crime, un délit ou une contraven-

(1) Aubry et Rau, t. III, § 445, note 21. — Conf. Duranton, t. XIII, p. 707; Le Sellyer, n° 2311; Angers, 15 juillet 1851. — Dans l'espèce sur laquelle a statué la cour d'Angers, il s'agissait d'une réclamation dirigée devant les tribunaux civils contre l'inventeur d'un trésor par le propriétaire du fonds sur lequel le trésor avait été découvert; le propriétaire accusait l'inventeur de s'être attribué le trésor en totalité et réclamait en conséquence des dommages-intérêts qui lui furent accordés.

tion. Peu importe que la demande en dommages-intérêts ait été faite avec ou sans imputation de délit; du moment que le fait dommageable constitue une infraction à la loi pénale, nous nous trouvons en face d'une action soumise aux règles du Code d'Instruction criminelle. Le genre de prescription est attaché à la nature du fait, non à sa qualification. La question s'est présentée devant la Cour de cassation : le demandeur avait qualifié le fait de dol et de fraude, le défendeur invoqua la prescription en soutenant que le fait constituait un délit. La Cour rejeta son pourvoi le 26 mars 1829, « parce qu'il ne saurait appartenir au défendeur en s'imputant une turpitude, d'aggraver le fait et de lui donner le caractère d'un délit. » Il est dangereux de chercher dans les proverbes des règles de conduite, et les brocards juridiques ne me paraissent pas mériter plus d'autorité que les proverbes de la vie quotidienne, si on veut les accommoder à toutes les hypothèses, même à celles qu'ils concernent le moins. *Nemo auditur in foro propriam turpitudinem allegans*, c'est fort bien, mais où est la honte? Elle est dans le fait commis, non dans l'aveu arraché au coupable, non dans un moyen de défense dont il se sert, l'ayant reçu de la loi. La loi a voulu qu'au bout d'un certain temps les crimes et les délits ne fussent plus recherchés, ni pour la peine, ni pour les réparations civiles, parce qu'avec les années, la défense devient plus difficile. Dans l'espèce, le défendeur n'avait pas été poursuivi par le ministère public; en présence de l'inaction des

magistrats, il pouvait se croire à l'abri de toute inves-
tigation; il a laissé dépérir ses preuves. Mais voici
qu'une demande civile éclate, et parce que le demandeur aura pris le soin de changer le nom de sa plainte,
il se trouvera à sa merci? Le fait dommageable a-t-il
cessé d'être un délit parce qu'il n'a pas été poursuivi?
Si c'est toujours un délit, les conséquences qu'il entraîne ne doivent-elles pas disparaître, dès qu'a sonné
l'heure fixée par la loi criminelle pour l'oubli complet
du fait lui-même (1)?

Il est généralement admis que les faits qui fondent
l'action civile, lors même qu'ils sont couverts par la
prescription, peuvent être invoqués encore à titre d'exception; *quæ temporalia sunt ad agendum, perpetua sunt
ad excipiendum* (2). On conçoit, en effet, que le législateur ait voulu punir de la perte de son action celui
qui a laissé passer un trop long temps sans exercer ses
droits; mais de qui ne peut agir la loi ne doit exiger
d'action; pourquoi demander la nullité d'une convention délictueuse dont on ne poursuit pas l'exécution? Le silence du créancier ne suppose-t-il pas la
renonciation de ses droits? La défense suppose toujours
l'attaque; tant que l'attaque est possible, la défense
doit rester ouverte. Ainsi, l'individu auquel un titre a
été extorqué ou surpris, est recevable à opposer à la
demande formée contre lui, en vertu de ce titre, les

(1) Faustin Hélie, t. III, p. 705.
(2) Jousse, *Inst. crim.*, I, 604. — Dunod, *De la prescription*, p. 193.
(3) *Voy.* l. 5, § 6, Dig. *De doli mali et met. except.*

faits de violence, de force ou de contrainte, les manœuvres frauduleuses à l'aide desquels sa signature a été extorquée, la remise de l'acte a eu lieu, bien que ni lui ni le ministère public ne puissent plus agir en réparation du crime ou du délit prévus par les articles 400 et 405 du Code pénal.

Nous avons déjà eu l'occasion de le dire, la prescription de l'action civile ne change point de nature quand elle court en faveur des héritiers de l'accusé. Elle est attachée au délit lui-même, et dès lors elle conserve son caractère et sa durée, quelles que soient les personnes qui en profitent. Jousse (p. 101) a pu avancer que l'action contre les héritiers du coupable doit durer trente ans; cette opinion n'est plus soutenable en présence des articles 2 et 637 du Code d'Instruction criminelle.

SECTION II.

De la chose jugée.

—

§ I. — Principes généraux.

L'autorité de la chose jugée est une des bases de l'ordre social; si les sentences des juges ne sont pas toujours exemptes des passions qui agitent le cœur de l'homme et de l'erreur qui obscurcit sa raison, si la découverte et la proclamation de la vérité entière, incontestable, nous importent à tous, il n'importe pas moins à la société que la vie, l'honneur, la liberté et la fortune des citoyens ne soient pas continuellement remis en question, qu'ils trouvent dans les jugements qui ont tranché leurs démêlés une garantie durable. La justice n'a de force qu'autant que ses décisions sont revêtues d'une autorité incontestable ; les individus n'ont de droits et de libertés qu'autant qu'ils se peuvent couvrir de ses arrêts comme d'une égide invincible. Voilà pourquoi toutes les législations ont proclamé comme un axiome de droit public que la chose jugée est comme la vérité : *res judicata pro veritate habetur.*

Lors donc qu'un individu a été souverainement jugé, il ne peut plus être poursuivi à raison de la même accusation, *non bis in idem ;* l'action du ministère public est éteinte, et la société est réputée avoir obtenu la satisfaction qui lui était due. Lorsque deux plaideurs discutant leurs intérêts civils, ont épuisé les degrés de juridiction qui leur étaient ouverts ou qu'ils n'en ont pas usé, leurs droits sont fixés et sont présumés l'être selon l'équité et la vérité.

D'un autre côté, la règle *res judicata pro veritate habetur* doit être renfermée dans de justes limites. La chose jugée est la vérité ; soit, mais pour qui ? Pour ceux-là seulement dont les intérêts étaient engagés au procès et ont reçu satisfaction du jugement. Le caractère qui distingue les actes de l'autorité judiciaire des actes de l'autorité législative, c'est la spécialité aussi bien quant aux personnes entre lesquelles le jugement prononce que quant aux choses sur lesquelles il porte. Les tribunaux n'ont le droit d'interpréter et d'appliquer la loi que pour les affaires qui leur sont soumises; leurs jugements n'ont pas plus de force que les conventions qui ne nuisent ni ne profitent aux tiers. Si mon voisin s'est mal défendu et a été condamné à des dommages intérêts qu'il ne devait pas, moi qu'on poursuit ensuite pour la réparation du même préjudice prétendu, je ne dois pas souffrir de sa faiblesse ni de sa négligence. C'est donc aussi un principe d'ordre public que le jugement ne forme lien que pour les parties en cause : *res inter alios judicata aliis nec nocet nec prodest.*

Ainsi, la vérité résultant de la chose jugée est une vérité toute relative, et la loi a dû, pour attacher au jugement cette présomption invincible, la restreindre dans des termes assez étroits. Trois conditions sont nécessaires, d'après l'article 1351 du Code Nap., pour qu'un jugement ait l'autorité de la chose jugée relativement à une nouvelle demande à l'occasion de laquelle il est invoqué; ce sont : 1° l'identité d'objet; 2ᵈ l'identité de cause; 3° l'identité de personnes. Il faut que la chose à laquelle tend la nouvelle prétention soit bien la même que celle sur laquelle a porté le jugement, que le fait juridique qui forme le fondement direct et immédiat du droit que l'une des parties entend faire valoir soit le même que celui qui a servi à appuyer la première demande; il faut enfin que les parties qui ont figuré au premier débat figurent dans le second, et qu'elles agissent encore d'après les qualités sous lesquelles elles agissaient la première fois. A peine est-il besoin de rappeler ce point indiqué par la raison elle-même, qu'il ne doit plus y avoir de mode de recours, soit ordinaire, soit extraordinaire, dont on puisse se prévaloir pour attaquer le jugement; tant que les voies établies par la loi pour le faire réformer ou annuler sont ouvertes aux parties, il ne peut avoir l'autorité de la chose jugée; car il n'est ni fixe ni immuable.

Ces conditions ne concernent spécialement que les actions civiles (1); et comme l'action privée qui résulte d'un fait punissable est une de ces actions, il en faut conclure qu'elle pourra être repoussée par l'exception de la chose jugée, toutes les fois que ces trois éléments se trouveront réunis. Ainsi, qu'ayant à me plaindre d'un vol, j'aie joint devant le tribunal correctionnel mes poursuites à fins civiles aux poursuites du ministère public, que le tribunal renvoyant le prévenu déclare qu'il n'a pas commis le vol imputé, je ne pourrai pas reprendre l'affaire devant le tribunal civil et réclamer du même individu des dommages-intérêts qu'aux termes d'un premier jugement, il ne me doit pas, puisqu'il n'est pas l'auteur du fait dommageable.

(1) Les caractères que doit avoir la chose jugée au criminel sont au fond les mêmes qu'en matière civile. C'est toujours l'identité d'objet, de cause et de personnes, avec quelques modifications résultant de la matière elle-même; il faut aussi, bien entendu, que la décision à laquelle on attache l'autorité de la chose jugée ait le caractère d'un jugement, soit susceptible d'exécution et soit devenue irrévocable.

Lorsque la même question s'élève entre les mêmes parties, peu importe, comme le dit Ulpien (loi 5, Dig. *De except. rei judic.*) qu'on agisse *ex diverso genere judicii*.

Mais la question ne se présente pas toujours avec cette simplicité. Pour reprendre mon hypothèse, il est possible que j'aie laissé le ministère public poursuivre seul le vol, et que je me sois adressé, après le jugement de l'action publique, à la juridiction civile pour faire apprécier ma demande en réparation du dommage qui m'a été causé. Celle-ci sera-t-elle obligée de tenir pour constant le fait reconnu par le tribunal criminel ? A l'inverse, si j'ai porté ma plainte devant le tribunal civil et que le ministère public entame des poursuites après le jugement de l'action privée, la juridiction criminelle devra-t-elle, pour prononcer son jugement, tenir compte de la décision du juge civil ? Ceci revient à demander quelle est l'influence du criminel sur le civil et du civil sur le criminel, question grave, délicate, qui a donné lieu aux controverses les plus vives.

Nous allons l'examiner en détail, en écartant d'abord le point le moins douteux.

§ II. DE L'INFLUENCE DE LA CHOSE JUGÉE AU CIVIL SUR LE CRIMINEL.

On porte souvent devant les tribunaux civils des actions qui ont pour objet, soit d'obtenir la réparation du préjudice causé par un délit, soit de faire décider certaines questions préjudicielles dont la loi leur a attri-

bué le jugement à l'exclusion des tribunaux criminels;
les jugements qui interviennent sur les actions civiles
exercent-ils sur l'action publique l'autorité de la chose
jugée, de manière que le juge criminel soit obligé de
tenir pour constant ce que le juge civil a décidé?

Si la question jugée par le tribunal civil était préjudicielle à l'action publique, il n'est contesté par personne que le jugement qui la décide n'influe sur l'action
publique et qu'il ne soit plus permis de remettre en
question devant le tribunal de répression ce qui a été
jugé par la juridiction civile. Il est des cas, en effet, où
l'action publique est suspendue jusqu'à la vérification
préalable d'un fait antérieur dont l'appréciation est une
condition indispensable de la poursuite ou du jugement de cette action, et où cette vérification est du
domaine exclusif de la juridiction civile.

C'est ainsi que, d'après l'article 326 du Code Nap.,
les tribunaux civils sont seuls compétents pour statuer
sur les réclamations d'état, et l'article 327 décide que
l'action criminelle contre un délit de suppression d'état
ne pourra commencer qu'après le jugement définitif
sur la question d'état. Imbu de cette idée que toutes les
preuves sont admises devant les tribunaux criminels,
le législateur a craint qu'à l'aide de simples témoigna-
ges, un individu poursuivant la rectification de son
état, pût se faire attribuer une filiation, une qualité
civile qui ne lui appartiennent pas, par des juges que
leurs habitudes de célérité, leurs procédés d'information rendent peu propres à décider ces questions, les

plus délicates du droit civil. L'action publique est si bien suspendue que le droit de plainte est interdit, l'instruction criminelle est empêchée jusqu'au jugement définitif de la question d'état. Ainsi, dans ces questions, *le civil tient le criminel en état* de la façon la plus complète.

Il est une autre question préjudicielle qui est de la compétence exclusive des tribunaux civils : le délit portant sur un immeuble, le prévenu oppose à la poursuite qu'il est propriétaire de cet immeuble ou qu'il a sur lui un droit réel autorisant le fait qui donne lieu à la prévention : *feci, sed jure feci.* Il n'existe pas de texte de loi qui donne d'une manière générale et formelle à la juridiction civile, la connaissance de la question préjudicielle résultant de l'exception de propriété ou d'exercice d'un droit réel immobilier ; c'est la jurisprudence qui, pénétrée de l'importance de la propriété foncière, a généralisé une règle établie par la loi pour un cas particulier (loi du 29 septembre 1791, *sur l'administration forestière*, tit. XCI, art. 12 dont la disposition a été maintenue et développée par l'article 182 du Code forestier et l'article 59 de la loi sur la pêche fluviale). Cette question préjudicielle n'emporte pas suspension de l'action publique, mais seulement de la procédure ; il est simplement sursis à la poursuite commencée, et

(1) La Cour de cassation, dans une note du 5 novembre 1813 qui a obtenu l'adhésion de Merlin, a posé les principes qui doivent la guider dans la matière des questions préjudicielles. — Voy. le § 4 sur la question indiquée.

les droits du ministère public ne sont pas paralysés. Le jugement civil qui apprécie le mérite de l'exception permet au juge de répression de prononcer sa sentence en lui donnant la pleine connaissance d'un fait auquel est subordonnée l'existence du délit; au contraire, lorsqu'il s'agit de questions d'état, le jugement civil seul permet de commencer les poursuites criminelles et les droits des parties lésées tiennent en échec ceux du ministère public. Nous en avons déjà fait la remarque, le jugement de la question d'état n'est autre chose que le jugement des intérêts civils engagés dans un crime de suppression d'état. Contrairement au principe général, l'action civile précède et domine l'action publique.

Le ministère public, bien qu'il ne soit pas partie principale devant la juridiction civile où se porte l'action préjudicielle, est lié par la sentence définitive émanée de cette juridiction (1). Car si la loi, dans un intérêt de bonne justice, a voulu que certaines questions fussent réservées aux juges civils, elle a voulu,

(1) Il est quelques autres questions dont l'examen doit être renvoyé à d'autres juges que les juges criminels, et pour lesquelles il est nécessaire de surseoir jusqu'à ce que la décision soit rendue. Ainsi, en matière de dénonciation calomnieuse, l'appréciation de la vérité ou de la fausseté des faits appartient exclusivement aux autorités de qui relève le fonctionnaire contre lequel la dénonciation est dirigée, aux autorités saisies de la connaissance des faits par la dénonciation. Cette solution qui dérive de la nature des choses est appliquée sur une jurisprudence constante. Les lois financières et d'autres lois spéciales attribuent aussi la connaissance de certaines questions préjudicielles à la juridiction civile et à d'autres juridictions particulières; je n'ai pas à m'en occuper ici.

par cela même, que le point sur lequel a porté leur décision fût désormais indiscutable. Les juges criminels sont incompétents pour décider ces questions; il faut bien qu'ils acceptent la décision émanée des seuls juges qui peuvent la rendre.

Mais, en règle générale, le juge criminel, qui est compétent pour apprécier tous les éléments du délit que poursuit le ministère public, l'est aussi pour examiner les questions qui doivent être préalablement résolues pour que la poursuite soit possible, lors même qu'elles se rattachent au droit civil. « Il est certain, dit Merlin (*Rép.*, v° *Bigamie*, n° 2), qu'en matière de crimes et de délits, la compétence des juges criminels n'est circonscrite par aucune borne, n'est modifiée par aucune réserve, n'est limitée par aucune exception; que, dès qu'un crime ou un délit est articulé, les juges criminels peuvent et doivent le rechercher, le poursuivre, le juger dans tous les éléments qui le constituent et en forment la substance, et que, lorsque parmi ces éléments il se trouve une question de droit, ils peuvent et doivent la juger ni plus ni moins que si c'était une question de fait (1). » Qu'il s'agisse, par exemple, d'un délit résultant de la violation d'un contrat, il est clair que le contrat civil et le délit dont il forme l'élément, quoique ce soient deux actes distincts dont l'un a été préexistant à l'autre, sont tellement unis que, pour juger le délit, il faut examiner le con-

(1) *Ad.* Mangin, n° 168.

17

trat, que la preuve du délit ne peut être séparée de celle du contrat lui-même. La juridiction criminelle qui connaît du délit doit être aussi compétente pour prononcer sur la préexistence du contrat, puisque c'est la réunion du contrat et de sa violation qui constitue le délit. On a objecté que la preuve testimoniale étant toujours admissible devant la juridiction criminelle, l'article 1311 du Code Napoléon sera violé (1); c'est une singulière erreur; le juge criminel admet toutes sortes de preuves; mais lorsqu'il aura à juger une question de droit civil, il devra n'admettre que les preuves admises par la procédure civile; l'article 1311 est donc complétement hors de question. Mais, avec le système que je combats, on en arrivera à enlever au juge criminel la connaissance de l'action civile en un bon nombre de cas. Et que devient alors l'article 3 du Code d'instruction? Ne lui attribue-t-il pas le jugement de toute action civile qui se présente accessoirement à l'action publique? Distingue-t-il suivant la nature du délit, suivant qu'il suppose ou non un acte civil antérieur?

Ce point, bien établi, éclaire la question. Nous supposons que l'instance civile n'était pas préjudicielle au jugement de l'action publique, et elle a été jugée avant les poursuites du ministère public. Quelle est l'influence sur le procès criminel du jugement civil? Elle est complétement nulle, et personne, que je sache,

(1) Toullier, t. IX, p. 241.

n'a soutenu le contraire. En effet, nous ne trouvons pas ici tous les éléments de la chose jugée qui font son autorité : l'identité d'objet n'existe pas, puisque l'action publique et l'action civile poursuivent des buts distincts, envisagent les faits sous des rapports différents, et ce défaut d'identité n'est pas remplacé par les liens de dépendance qui subordonnent, en quelques questions préjudicielles, le jugement de l'action criminelle au jugement de l'action privée. L'identité de parties manque également, puisque le ministère public n'est que partie jointe dans les instances civiles dont il prend communication. Enfin, les deux actions ne s'appuient pas sur les mêmes preuves, et les preuves ne sont pas produites devant la juridiction criminelle à la même fin que devant la juridiction civile. De tout cela il faut conclure que le jugement civil est sans influence sur l'action criminelle, qu'il ne fait qu'éteindre l'action privée, laquelle ne peut plus être portée incidemment devant le tribunal de répression; car, sur ce qui fait son objet il y a chose jugée. A plus forte raison, les simples actes d'instruction civile ne peuvent-ils pas faire preuve pour le juge criminel : « Ce serait, dit M. Bonnier dans son *Traité des preuves* (p. 661), un dangereux abus que de considérer comme acquises à l'accusation les déclarations que le défendeur a pu faire avec trop de légèreté, dans une instance où il ne s'agissait que d'intérêts pécuniaires. » La juridiction répressive doit prononcer sur les faits incriminés avec la même liberté, le même pouvoir, la même absence de

préoccupations que si le tribunal civil n'en avait pas
été saisi (1).

C'est ainsi, pour donner de cette règle un exemple
frappant, que la Cour de cassation a pu juger (14 novembre 1844) que l'action civile en restitution de dépôt, même quand elle a été suivie d'un jugement qui
déclare que le dépôt n'a jamais existé, ne fait pas obstacle à la poursuite criminelle en violation de dépôt; —
que le jugement qui déclare un individu en faillite
n'empêche pas que sa qualité de commerçant puisse
être déniée par la juridiction criminelle (23 novembre 1827).

§ III. DE L'INFLUENCE DE LA CHOSE JUGÉE AU CRIMINEL SUR LE CIVIL.

Faut-il également poser en principe que la chose
jugée au criminel est sans influence sur l'action civile?
Le ministère public a seul agi devant la juridiction de
répression, la personne lésée est restée complétement
étrangère aux poursuites; quel est l'effet du jugement
intervenu sur l'action publique quant aux droits de la
partie civile?

La question partage les auteurs, et la controverse
commencée entre Merlin et Toullier dure encore.
Toullier (t. VIII, nᵒˢ 30 et suiv.; t. X, nᵒˢ 240 et suiv.)

(1) Merlin, *Répert.*, vᵒ *Non bis in idem*, nᵒ 15; Toullier, t. VIII,
nᵒ 30; Mangin, nᵒ 418; Faustin Hélie, t. III, p. 667.

soutient avec énergie l'indépendance complète de
l'action civile, et M. Faustin Hélie (t. III, n° 202) appuie cette doctrine de son autorité. Merlin (*Répert.*, v°
Non bis in idem, n° 15; *Questions*, v° *Faux*, n° 6) proclame que *le criminel tient le civil en état*, et il est suivi
par la jurisprudence et la plupart des auteurs. Dans la
lutte, les arguments se croisent, les objections se pres-
sent, vives, embarrassantes. La difficulté serait-elle
insoluble et serions-nous en présence d'un de ces pro-
blèmes juridiques dont on ne se peut tirer qu'en froiss-
sant quelque principe? On pourrait le croire en voyant
le doute et l'incertitude que l'argumentation de Merlin
laisse dans l'esprit aussi bien que celle de Toullier.
Voici, en effet, comment peuvent se résumer les doc-
trines de ces deux jurisconsultes :

Toullier s'attache au principe posé par l'article 1351
du Code N., d'après lequel l'autorité de la chose jugée
n'a lieu qu'autant que la demande est fondée sur la
même cause et entre les mêmes parties. Or, dit-il, la
cause de l'action civile est essentiellement différente
de celle de l'action publique, bien que toutes deux se
rattachent au même fait, puisque dans l'une, il s'agit
de la réparation d'un dommage, et dans l'autre, de
l'application d'une peine. Quant aux parties, il est clair
qu'elles ne sont pas les mêmes; car le ministère public
représente bien la société, mais il ne représente pas
spécialement la partie civile; il n'a pas même qualité
pour défendre ses intérêts pécuniaires. Donc, les tribunaux civils doivent considérer comme *res inter alios*

judicata, la décision rendue par les tribunaux criminels. Voilà bien, si je ne me trompe (je ne fais au reste
qu'emprunter cet exposé rapide à l'excellent ouvrage
de M. Bonnier, p. 662), la théorie de Toullier et de
M. Faustin Hélie.

Acceptant pour point de départ l'article 1351, Merlin s'attache à prouver que toutes les conditions de la
chose jugée se trouvent ici réunies. Si la discussion
doit rester sur ce terrain, je crois que la doctrine de
Merlin n'est pas soutenable. « La demande en dommages-intérêts, dit-il, la poursuite pour l'application d'une
peine ont une base qui leur est commune, savoir : un
fait d'où l'on fait dériver, d'une part un dommage civil,
d'autre part, une infraction à la loi pénale. Si les deux
actions diffèrent dans les conséquences qu'elles dédui-
sent de ce fait, elles se réunissent dans un objet fondamental qui est de prouver l'existence du fait, et qu'il
a été commis par l'individu contre lequel sont dirigées
les deux poursuites. » — Mais, qu'est-ce que cet objet
fondamental, sinon la *cause* des deux actions ? L'identité
de cause existe sans contredit, mais où est l'identité
d'objet ? Raisonnablement, est-ce la même chose que
de demander d'Armand 20,000 francs ou de réclamer
sa tête ? Ajouter *fondamental* au mot *objet*, ce n'est rien
dire ; ce qui est fondamental dans une demande, ce qui
lui fournit sa véritable base, c'est la cause, et l'objet
est ce qu'on veut obtenir en s'appuyant sur ce fondement ; mais, encore une fois, où est l'objet identique,
si l'on ne veut pas faire la plus étrange confusion de mots ?

Quant à l'identité de parties, nous la trouvons encore bien moins ici ; Merlin prétend que quand le ministère public poursuit la répression des crimes, des délits et des contraventions, il agit aux risques et périls de tous les intéressés ; que, par lui, ils sont réellement parties dans l'instance et dans le jugement qui intervient. Toullier (t. X, p. 377) répond parfaitement que « le ministère public ne peut avoir aucun mandat pour agir dans le nom de la partie lésée par un délit ; il ne peut exercer ses droits ou des droits semblables ; il n'a aucun intérêt dans la demande d'une somme d'argent pour réparation du dommage particulier causé par un délit. Comme la loi défend à la partie lésée de demander l'application de la peine, elle défend au ministère public de requérir la réparation du dommage souffert par un particulier. Ainsi, le ministère public n'agissant et ne pouvant agir pour la personne lésée par un délit, ni dans l'action publique, ni dans l'action privée, il est évident qu'il ne peut la représenter dans un procès criminel. » Le ministère agit pour l'intérêt social, et dans cet intérêt, qui n'est en somme que la collection des intérêts généraux, se trouve bien compris celui de la partie lésée, mais seulement jusqu'à la part qu'a chacun des membres de la société à la répression des délits ; quant à la réparation du préjudice, c'est un intérêt bien distinct et tout spécial que le ministère public n'a pas mission de représenter, puisque c'est aux particuliers à qui il appartient, que la loi a confié le soin de le faire valoir.

Il est donc bien démontré que dans l'exercice de l'action publique et celui de l'action civile, l'objet est différent, les parties ne sont pas juridiquement identiques, que, dès lors, l'autorité de la chose jugée, avec les conditions que lui impose l'article 1351, n'existe pas.

Pourtant, n'est-il pas irrationnel de dire que, lorsque la juridiction instituée pour constater, au nom de la société, l'existence des délits et les punir a prononcé, une autre juridiction qui ne doit connaître que d'intérêts privés, peut aller directement contre la sentence des juges criminels et déclarer par une sentence contraire qu'ils se sont trompés? Ne serait-il pas monstrueux que, lorsque la tête d'un homme est tombée sur l'échafaud, un tribunal civil pût répondre à la veuve de la victime réclamant du pain pour ses enfants, que ce n'est point un crime qui l'a privée de son mari et que celui qui fut frappé par le bourreau était innocent? Il est bien vrai que les tribunaux ont parfois rendu des décisions contradictoires et j'admets avec M. Faustin Hélie (p. 786) que la société n'en a pas toujours été ébranlée. Mais il ne faut pas se dissimuler non plus que ces contradictions jettent le trouble dans la cité et que, surtout lorsqu'il s'agit de l'application des lois pénales, le respect et la confiance de la justice, la dignité des corps qui la distribuent ont singulièrement à souffrir de semblables atteintes à leur infaillibilité légalement présumée. Il me paraît donc que la doctrine de Toullier est dangereuse et qu'elle n'a pu être celle d'un législateur prudent ; l'application rigoureuse et forcée de l'article 1351 nous mènerait à l'admettre; ce n'est donc pas là qu'il faut chercher la solution du problème.

MM. Aubry et Rau (*Droit civil*, § 769, note 91) ont, ce me semble, parfaitement indiqué les bases de cette solution : « Lorsqu'il s'agit, disent-ils, de contestations soumises à des tribunaux appelés à connaître de questions de même nature et qui se rattachent au même ordre d'intérêts, il faut, pour savoir si l'un de ces tribunaux est lié par une décision émanée de l'autre, s'attacher à la règle tracée par l'article 1351. Quand au contraire, il s'agit de tribunaux dont la mission est complétement différente, il faut, pour déterminer la portée de la chose jugée par l'un de ces tribunaux, s'attacher principalement et avant tout à la nature et au but de son institution. Or, les tribunaux criminels ayant pour mission de prononcer dans l'intérêt de la société tout entière, sur l'existence des crimes et des délits dont la répression est poursuivie devant eux, sur la culpabilité des accusés ou prévenus, ou sur l'application de la loi pénale aux faits qu'ils ont reconnus constants, on méconnaîtrait évidemment la nature et le but de leur institution en soutenant que leurs jugements, soit de condamnation, soit d'acquittement ou d'absolution, n'ont pas à l'égard de tous l'autorité de la chose jugée, en admettant qu'un tribunal civil pourrait décider, ou que telle personne déclarée coupable est innocente, ou que telle personne acquittée a réellement commis le crime ou le délit qui lui était reproché. »

Merlin avec son puissant esprit, n'avait pas négligé cette idée, il n'avait que le tort de l'exprimer accessoirement à une idée fausse et de s'en servir pour expliquer à sa manière l'article 1351. Quel est le fondement de l'action civile ? C'est un fait punissable; qui est chargé de constater l'existence d'un semblable fait ? C'est le tribunal criminel sur les poursuites du ministère public. Quand le ministère public, organe de la société, a fait constater l'existence du délit, le délit existe pour la société tout entière et je ne comprends pas qu'un particulier puisse, au nom de ses intérêts privés, obtenir d'une juridiction qui n'est pas instituée pour relever les faits punissables, une déclaration contraire. Merlin a raison lorsqu'il dit: « Dans nos mœurs, l'action publique qui résulte des délits est encore populaire, en ce sens qu'elle est encore exercée dans l'intérêt de la société; la société, il est vrai, n'est plus représentée à cet égard par le premier venu; elle ne l'est plus, elle ne peut plus l'être que par le ministère public; mais le ministère public n'en est pas moins, parmi nous, le mandataire de tous, comme l'était, chez les Romains, le particulier qui se constituait accusateur. » Et à ce point de vue il a pu ajouter sans mériter d'autre reproche qu'une certaine exagération de termes : « Dès lors il faut bien que tous soient censés avoir été parties, par l'organe du ministère public, dans le procès criminel qu'a subi un accusé. Il faut bien, par conséquent, que le jugement qui statue sur le procès, soit en condamnant, soit en acquittant l'accusé

soit réputé contradictoire avec tous. » (*Questions*, v°
Faux, n° 6.)

Nous avons rencontré des cas où la chose jugée
existe indépendamment de quelques-uns des éléments
exigés par le droit civil; c'est à la loi qu'il appartient
de régler les conditions de son autorité, et quand il
s'est agi des questions préjudicielles à l'action publique, nous l'avons vue modifier ces éléments et ces
conditions sans que le droit en parût blessé. En considérant l'étroite dépendance qui unit deux procès
naissant d'un même fait, il n'y aurait rien d'étonnant à
ce qu'elle eût attribué au jugement intervenu sur l'une
des instances autorité sur l'autre. En notre matière,
cette autorité naîtrait du caractère préjudiciel attaché
au jugement sur l'action publique. Ce caractère préjudiciel existe-t-il, est-il reconnu par la loi ? Cela me
semble peu douteux, et Toullier reconnaît lui-même
que la question de l'existence du délit et de la culpabilité de celui à qui on l'impute est préjudicielle à l'instance en dommages-intérêts. Outre que la raison veut
qu'il en soit ainsi, un examen attentif de différentes
dispositions législatives prouve la vérité de ce système.

L'art. 3 du Code d'instr. crim. suspend l'exercice de
l'action civile tant qu'il n'a pas été prononcé définitivement sur l'action publique intentée avant ou pendant
la poursuite de l'action civile; n'est-ce pas dire que la
décision du tribunal criminel préjugeant l'action civile,
il est naturel de l'attendre, avant de statuer sur les

intérêts privés qui lui sont subordonnés? M. Faustin
Hélie objecte qu'en établissant ce sursis, la loi a simplement voulu que les lumières plus abondantes qui
pourraient jaillir de l'instruction criminelle servissent
à éclairer l'instance civile, que les deux juridictions
ne pussent juger à l'insu l'une de l'autre, et tomber
involontairement dans des sentences contradictoires;
elle a voulu peut-être encore, ajoute-t-il, prévenir l'influence que le jugement civil aurait pu exercer sur la
juridiction criminelle (1). Cette objection ne me paraît
pas bien concluante; si la loi a voulu éviter que les
deux juridictions tombassent *involontairement* dans des
sentences contradictoires, il me semble qu'elle a dû
aussi s'attacher à empêcher que la juridiction civile
tendît sciemment par un arrêt contraire à ébranler
l'autorité des décisions rendues par les tribunaux
qu'elle a spécialement chargés de constater l'existence
des délits et de les réprimer. Que telle ait été la
pensée du législateur, d'autres textes le prouvent à
n'en pas douter.

L'art. 198 du Code Nap. veut que la preuve d'une
célébration légale du mariage une fois acquise par le
résultat d'une procédure criminelle, l'inscription du
jugement sur les registres de l'état civil assure au mariage tous ses effets civils. Pourquoi, demande M. Bonnier (p. 663), les poursuites criminelles auraient-elles,

(1) M. Le Sellyer, qui adopte d'ailleurs la théorie de Merlin, reproduit, en l'approuvant, l'objection de M. Hélie. (Conf. Boitard, *Instr.
crim.*, p. 19.)

en matière de mariage, une portée qu'on leur refuse partout ailleurs? L'art. 463 du Code d'instr. crim. dit que, lorsque des actes authentiques ont été reconnus faux en tout ou en partie, le tribunal criminel qui a connu du faux, ordonne qu'ils seront rétablis, rayés ou réformés. Comment serait-il permis d'ordonner ainsi la destruction matérielle de pièces fausses, si le jugement criminel laissait complétement intacts les intérêts civils? « Mettre l'accusé hors d'état d'en faire usage envers qui que ce soit, n'est-ce pas, remarque Merlin, dire nettement qu'il ne sera plus désormais recevable à soutenir envers qui que ce soit qu'il ne s'est pas rendu coupable de faux? »

Enfin, l'art. 235 du Code Nap. porte : « Si quelques-« uns des faits allégués par l'époux demandeur don-« nent lieu à une poursuite criminelle de la part du « ministère public, l'action en divorce restera suspen-« due jusqu'après l'arrêt de la Cour d'assises; alors « elle pourra être reprise, sans qu'il soit permis d'in-« férer de l'arrêt aucune fin de non-recevoir ou excep-« tion préjudicielle contre l'époux demandeur. » Ainsi, le jugement criminel, lorsqu'il condamne, a la force de préjuger la question de fait; lorsqu'il absout, il cesse d'être préjudiciel; mais pourquoi? Tout simplement, comme le ministre de la justice l'a dit au conseil d'État, parce qu'il peut y avoir assez de faits pour prononcer le divorce, sans qu'il y en ait assez pour prononcer une peine. Cette disposition ne fait pas autre chose qu'ap-pliquer la règle de l'influence des jugements criminels sur les intérêts civils, comme nous le verrons bientôt (1).

Il est donc bien établi que l'action publique constitue une question préjudicielle au jugement de l'action privée ; non pas que le jugement criminel doive nécessairement précéder l'instance civile : les deux actions sont indépendantes et, si le ministère public n'agit pas, la partie civile ne doit pas être victime de son silence. Mais lorsque le tribunal compétent a prononcé sur l'action publique, les tribunaux civils doivent accepter sa décision, en tant qu'elle constate l'existence ou la non-existence du délit. Le caractère préjudiciel de l'instance criminelle ne provient pas de ce que, en fait, elle a tenu en état l'instance civile ; elle est préjudicielle de sa nature et par la volonté de la loi ; comme telle, elle préjuge les actions civiles nées et à naître qui ont le même principe qu'elle, c'est-à-dire qui dérivent du fait même qui lui donne naissance.

A côté de ce principe, il en est un autre, non moins

(1) Un avis du conseil d'État du 12 novembre 1806 renferme le considérant suivant : « Comme le ferait un tribunal auquel on porterait la question de dommages-intérêts, la Cour (criminelle devant qui la partie civile a seule appelé) doit tenir pour constants les faits et motifs qui ont déterminé le chef du jugement relatif au délit, parce que ce jugement ayant passé en force de chose jugée, il a tous les droits d'une vérité incontestable. » Ainsi, d'après le conseil d'État, le ministère public représente les particuliers dans les poursuites qu'il dirige au criminel, même quant aux intérêts civils pouvant se rattacher à l'existence ou à la non-existence du fait, objet des poursuites.

incontestable : c'est que l'autorité de la chose jugée
sur la question préjudicielle est limitée à ce qui a été
formellement décidé par le jugement. En effet, si l'autorité de la chose jugée n'est qu'une présomption légale
de vérité, cette présomption ne doit pas être étendue
au delà des limites que lui assigne la décision dont
elle résulte. La combinaison de ce principe avec le pré-
cédent nous fournira la solution des principales difficultés de détail que présente cette matière.

Examinons les différentes hypothèses qu'offre la
pratique ; on en peut concevoir trois ;

Ou bien le jugement criminel a déclaré la culpabilité
de l'accusé ;

Ou bien il a déclaré que le fait n'existe pas, ou qu'il a
été commis par un autre que l'accusé ;

Ou bien il a déclaré que le fait n'est pas constant, ou
que l'accusé n'est pas coupable.

1° *Le jugement criminel déclare la culpabilité de l'accusé.* — Sur ce point pas de doute : « Quand l'accusé
est condamné, disait à la Cour de cassation M. le procureur général Mourre, le 19 mars 1817, personne n'a
plus le droit de parler de son innocence ; tout le monde
a été accusateur en la personne de l'officier public. Un
jugement rendu au criminel n'est pas un acte ordinaire
de l'autorité publique, n'embrassant, comme la plupart
des jugements civils, que quelques intérêts privés, et
ne se rapportant qu'à quelques individus. C'est un monument élevé dans la société, qui doit fixer tous les

regards et enchaîner toutes les pensées; c'est un monument sur lequel s'imprime une vérité publique. » Toute notre discussion jusqu'à présent a eu pour principal effet d'asseoir ce point, il est inutile d'insister. (Cass. 5 mai 1818.)

2° *Le jugement criminel déclare que le fait incriminé n'existe pas ou que c'est une autre personne que l'accusé qui l'a commis.* — Ici non plus il n'est permis à la partie civile de remettre en discussion ces vérités judiciaires. « La partie civile ne peut pas méconnaître l'autorité d'un jugement, sous prétexte qu'il est favorable au prévenu, tandis que s'il lui eût été contraire, il aurait formé pour elle un titre irréfragable; et si le prévenu, par cela seul qu'il est déclaré coupable envers le ministère public, est déclaré coupable envers la partie privée, il faut bien aussi que le prévenu, par cela seul qu'il est déclaré innocent envers le ministère public, soit à couvert de toutes les actions que la partie privée pourrait intenter contre lui à l'effet de le faire déclarer coupable (1). »

Ainsi, lorsque le ministère public a poursuivi une accusation de faux, et qu'il a été jugé en faveur du prévenu que l'acte argué n'est pas faux, on ne peut plus remettre en question devant le tribunal civil la vérité de cet acte, et diriger ou continuer contre lui une procédure en faux incident. En effet, aux termes de l'article 214 du Code de procédure, la voie du faux inci-

(1 Merlin, *Répert.*; v° *Non bis in idem*, n° 15.

dent ne peut plus être prise contre une pièce qui a été vérifiée avec le demandeur ou le défendeur sur une poursuite en faux principal. Mais que décider si un individu qui ne représenterait pas le prévenu et ne tiendrait pas de lui ses droits, prétendait soutenir la vérité de cette pièce devant les tribunaux civils, envers d'autres individus également étrangers à l'accusé? En partant du principe que le ministère public agissant au nom de la société pour la constatation des délits, poursuit ses actions aux risques, périls et avantages de toutes les personnes intéressées à l'existence ou à la non-existence du délit, il me semble que cette prétention ne devrait pas être admise. D'ailleurs l'article 463 du Code d'Instr. crim. (*Aj.* art. 211 C. procéd.), tranche toute difficulté. Il est évident que la loi n'ordonnerait pas que non-seulement l'accusé, mais encore personne au monde ne pût en faire désormais aucun usage, ni s'en prévaloir dans un procès quelconque; et ce n'est point parce que quelque expédition de l'acte aura échappé à la destruction qu'on peut proclamer la vérité de l'acte lui-même. A ce propos, je citerai encore quelques paroles de Merlin qui expliquent parfaitement tout le système (1). « S'il était vrai que, pour déterminer le sens dans lequel une action devient préjudicielle à une autre par l'effet de l'état de sursis dans lequel celle-ci doit rester jusqu'après le jugement de celle-là, il fallût distinguer entre le cas où les deux ac-

______

(1) *Questions,* v° *Faux,* 4e édition. — Dans sa 3e édition, Merlin, par un singulier oubli, avait soutenu le contraire.

tions sont entre des parties réellement identiques, et le cas où elles sont entre des parties réellement différentes....., comment expliquerait-on l'effet préjudiciel que l'action civile exerce sur l'action publique dans les cas prévus par les articles 182 et 189 du Code forestier, par l'article 327 du Code civil, et par l'article 88 de la loi du 5 ventôse an XII? Bien sûrement, dans ces cas, le ministère public n'est pas et ne peut pas être réellement partie dans l'action civile; et cependant l'action civile est préjudicielle à l'action publique, en ce sens que le fait décidé positivement par le jugement de l'une ne peut plus être nié ni débattu, lorsqu'il s'agit de statuer sur l'autre. Il n'est donc pas vrai que, pour qu'une action soit préjudicielle à une autre, en ce sens que le jugement de celle-ci soit dicté à l'avance par le jugement de celle-là, lorsqu'il décide positivement le fait dont elles dépendent toutes deux, il soit nécessaire que les deux actions aient lieu entre des parties identiquement les mêmes. Il suffit, pour concilier l'influence que l'une exerce sur l'autre avec la grande règle qui restreint l'autorité de la chose jugée entre les parties qui figuré dans le jugement dont elle découle, que la loi puisse identifier et identifie effectivement les parties qui figurent dans cette action avec celles qui ont figuré dans une autre..... De la part de celui au préjudice duquel a été commis un crime de faux, l'action civile qu'il a pour faire réparer le dommage que ce crime lui a causé, consiste certainement à s'inscrire incidemment en faux contre l'acte qui nuit à ses droits ; et cette action, il ne la dirige pas, il ne peut pas même la diriger contre l'officier public (1) à qui il impute le faux ; il ne la dirige, il ne peut la diriger que contre la partie qui se prévaut contre lui de l'acte, et qui peut être de bonne foi. Cependant, si son inscription de faux est admise, elle reste suspendue jusqu'à ce que l'action criminelle qui est par suite intentée contre l'officier public soit irrévocablement jugée; et pourquoi reste-t-elle suspendue? Ce n'est pas seulement parce que telle est la disposition expresse des articles 239 et 240 du Code de procédure, c'est encore parce que, quand même cette disposition n'existerait pas, elle serait remplacée dans le Code d'Instr. crim. par l'article 3 dont elle serait la conséquence nécessaire. Si donc on est forcé de convenir que du sursis ordonné par l'article du Code d'Instruction, il résulte que, lorsqu'il y a identité réelle de parties entre l'action civile et l'action criminelle, le jugement de la seconde emporte le jugement de la première sur le fait qu'il décide positivement, il faut bien que l'on convienne aussi qu'il en résulte la même conséquence dans le cas où les parties ne sont pas réellement les mêmes. »

3° *Le jugement criminel déclare simplement que le fait n'est pas constant ou que l'accusé n'est pas coupable.* — On voit combien cette hypothèse diffère de la précédente; elle n'exclut nullement l'existence du fait; on suppose

____

(1) Dans l'espèce sur laquelle raisonne Merlin, l'accusé était le notaire instrumentaire de l'acte.

seulement que les preuves produites pour l'établir
étaient insuffisantes et le laissaient incertain; quant à
la participation de l'accusé au fait incriminé, en admettant qu'il existe, elle n'est pas moins douteuse, et
en tout cas, s'il est déclaré non coupable, ce peut n'être
que pour absence d'intention criminelle. D'après l'article 337 du Code d'Instruction, le verdict du jury doit
porter simplement sur la culpabilité de l'accusé et non
pas sur l'existence du fait, en sorte qu'au grand criminel, notre seconde hypothèse ne doit pas se présenter. Cette hypothèse n'est possible qu'en matière
correctionnelle où les jugements étant motivés, peuvent
déclarer que le délit n'a pas eu lieu. Nous nous plaçons
donc au cas où le jugement correctionnel renvoie le
prévenu des poursuites du ministère public, parce que
sa culpabilité n'est pas démontrée, ou bien au cas où
le jury a rendu un verdict négatif. Quelle sera l'influence sur le civil de la chose jugée au criminel ?

Son autorité ne peut pas aller au delà du point qui
a été formellement décidé par le jugement; or ce jugement ne s'est point prononcé sur l'existence du fait
ou sur la participation du prévenu aux actes incriminés; tous les éléments de la culpabilité pénale ne
paraissant pas réunis, le tribunal de répression a dû
l'absoudre. La vérité est restée incertaine ou incomplète
et les tribunaux civils peuvent, sans se mettre en contradiction avec les juges criminels, éclairer les points
restés obscurs, rechercher si le fait existe, s'il constitue
ou non soit un délit de droit civil, soit un quasi-délit,

imputables au prévenu, de manière à produire des conséquences légales au point de vue civil. « L'influence du criminel sur le civil, dit Merlin dans ses *Questions de droit* (v° *Réparations civiles*, § 2), ne peut pas s'étendre au delà de l'objet pour lequel la loi veut que l'action publique soit préjudicielle à l'action civile, et cet objet n'est pas équivoque : c'est uniquement de prévenir le scandale qui résulterait d'un jugement civil par lequel seraient déclarés chimériques ou controuvés des faits qu'un jugement criminel aurait précédemment déclarés constants, ou constants des faits qu'un jugement criminel aurait précédemment déclarés chimériques et controuvés. Mais comme ce scandale ne pourrait avoir lieu, si la loi n'y pourvoyait, que dans le cas où le jugement criminel décide positivement que les faits servant de base à l'action publique, ou sont constants, ou n'existent pas, il est clair que ce cas est le seul où le jugement de l'action publique peut et doit influer sur le jugement de l'action privée; il est clair, par conséquent, que si le jugement de l'action publique laisse indécise la question de l'existence ou de la non-existence des faits sur lesquels cette action est fondée, la loi n'a plus de motifs pour feindre que les parties privées sont représentées dans cette action par le ministère public. Il est clair, par une conséquence ultérieure, que la grande règle *res inter alios judicata, aliis neque prodesse, neque nocere debet,* reprend toute sa force; et, par conséquent encore, il est clair que le tribunal civil devant lequel est ensuite portée l'action privée à laquelle les même faits donnent lieu, doit la juger avec la même liberté que si ces faits n'avaient pas été précédemment déférés à un tribunal de répression. » Et plus loin, Merlin ajoute : « Ainsi, lorsque dans l'action civile en réparation du dommage causé par un fait qualifié de crime ou de délit, il y a doute de savoir si le fait a ou n'a pas été jugé précédemment ne pas exister, ce n'est point à la maxime *in dubio pro reo respondendum* que l'on doit s'attacher, mais à la grande règle que la chose jugée ne se présume pas, qu'il en est de l'exception qu'elle produit comme de toutes les autres exceptions, qu'il faut qu'elle soit prouvée par la partie qui s'en prévaut, et que, faute de preuve, elle doit être rejetée. » Une jurisprudence constante appuie cette doctrine (*Voy.* notamment l'arrêt du 6 novembre 1818).

C'est sur le principe que l'autorité de la chose jugée est limitée à ce qui a été formellement décidé par la déclaration du jury, que reposent les articles 358, 359 et 366 du Code d'Instruction criminelle, qui autorisent la cour d'assises à condamner l'accusé acquitté en des dommages-intérêts envers la partie civile, à en refuser à celle-ci même lorsque la culpabilité de l'accusé est reconnue, et lui laissent la faculté d'accorder ou de refuser à l'accusé absous des réparations civiles contre son dénonciateur.

Même lorsque l'accusé est déchargé de l'accusation, la cour n'est pas obligée de lui accorder des dommages-intérêts contre ses dénonciateurs, par cette raison bien simple que l'acquittement ou l'absolution n'attachent pas nécessairement le caractère de la calomnie à la dénonciation et que la déclaration du jury n'exclut pas toute idée de bonne foi chez son auteur (*Voy.* notamment un arrêt du 30 décembre 1813). De même la cour d'assises est autorisée à condamner l'accusé acquitté ou absous (1) en des dommages-intérêts, parce que la déclaration du jury peut n'avoir ôté au fait que son caractère de délit et lui avoir laissé un caractère de fait dommageable; cette déclaration n'exclut pas nécessairement l'existence du fait et la participation de l'accusé à ce fait. C'est ainsi qu'un jury ayant déclaré que l'accusé n'avait commis un meurtre qu'involontairement et sans imprudence, la cour d'assises a pu condamner cet accusé en des dommages-intérêts, parce que cette déclaration n'était pas exclusive de toute espèce de faute entraînant des réparations civiles, et, aux termes de l'article 1382 du Code Napoléon, tout fait quelconque de l'homme qui cause à autrui un dommage oblige celui qui par la faute duquel il est arrivé à le réparer. (Cassation, 26 mars 1818).

Mais si la déclaration du jury, en écartant la criminalité de l'action, exclut jusqu'à la faute qui pourrait survivre au crime, la cour d'assises peut-elle encore

---

(1) Pour un arrêt d'absolution notamment, il n'est pas permis de douter qu'il ne laisse l'action civile entière; l'absolution a le simple effet d'enlever au fait la criminalité qui le rend punissable; elle le laisse subsister lui-même, constaté par le jugement, et la partie lésée peut en faire la base de sa demande.

attribuer à la partie civile des dommages-intérêts? Le jury avait déclaré que l'accusé poursuivi pour meurtre, avait agi dans la nécessité de légitime défense; la cour crut néanmoins devoir adjuger des dommages-intérêts à la partie civile. Cet arrêt fut cassé, « attendu que pour qu'il y ait lieu à des dommages-intérêts, il faut qu'il y ait faute; que la loi ne répute pas en faute celui qui fait ce qu'il a droit de faire, à moins qu'il ne le fasse pour nuire à autrui et sans intér pour lui-même; que la défense de soi-même est de it naturel, qu'aux termes de l'art. 328 du Code pén elle exclut tout crime ou délit....... » (Cass., 19 décembre 1817).

La compétence de la cour d'assises, pour adjuger les dommages-intérêts, est restreinte aux faits relevés dans l'accusation; quand l'action publique a été écartée par l'acquittement ou l'absolution de l'accusé, elle ne peut plus apprécier de ces faits que le caractère dommageable, elle ne peut plus les reprendre qu'à titre de quasi-délit, puisque leur appellation délictueuse a été écartée par le jury; fonder la réparation civile sur des éléments criminels que le jury s'est refusé à voir dans les faits, ce serait empiéter sur ses attributions, et plus ces attributions sont restreintes, plus elles doivent être respectées. Voici une espèce remarquable où cette doctrine fut appliquée par la Cour de cassation : le jury avait déclaré que l'accusé n'était coupable ni d'avoir volontairement commis un homicide sur telle personne, ni de lui avoir porté volontairement des coups ou fait des blessures. Cependant, la cour d'assises l'avait condamné à des dommages-intérêts envers la partie civile pour avoir, hors le cas de légitime défense, porté à la victime un coup qui lui avait donné la mort. Cet arrêt a été cassé, « attendu que dans son ensemble une telle décision reproduit, même sous le rapport de la criminalité, l'imputation écartée par les réponses négatives du jury, puisque l'arrêt, en déclarant que les coups ont été portés volontairement et hors le cas de légitime défense, a apprécié l'intention de l'auteur du fait, intention dont la volonté est le signe non équivoque et qu'il n'appartient qu'aux jurés de rechercher et de déclarer.... » (Cass., 26 juillet 1841, 6 mars 1852).

Ces limites posées, l'action de la partie lésée ne rencontre devant la cour d'assises aucun obstacle juridique, et celle-ci ne voit son pouvoir restreint que par l'obligation de respecter la décision du jury. Nous avons dit que le jury ne doit, d'après la loi, prononcer que sur la culpabilité de l'accusé, non sur l'existence du fait; il est arrivé que les questions étaient posées de telle sorte que le jury eût à donner son opinion sur ce dernier point. La cour d'assises est-elle, même en ce cas, obligée de respecter sa déclaration tout entière? Un arrêt de la Cour de cassation du 21 octobre 1835 décide la négative, et cette doctrine est approuvée par M. Faustin Hélie (t. IX, p. 290). Elle me paraît bien difficile à admettre. Sans doute, d'après l'art. 337 du Code d'instr. crim., le jury ne peut prononcer que sur la culpabilité de l'accusé, non sur la matérialité du fait; mais il doit avant tout répondre aux questions qui lui sont posées, et la cour qui les lui a présentées doit accepter ses réponses tout entières. Les jurés ont indiqué le meilleur motif qu'ils pussent donner de la non-culpabilité de l'accusé, je veux dire la non-existence du fait. Le motif de leur déclaration étant officiellement connu, je ne puis comprendre que la cour ait le droit de revenir sur cette décision en rendant un arrêt qui en détruit le fondement (1).

Pour ma part, je crois qu'il serait bon de donner aux questions posées au jury moins de généralité, de lui permettre de prononcer, non-seulement sur la culpabilité de l'accusé, mais encore sur la matérialité du fait. Nous ne verrions plus ces arrêts qui, sous le prétexte que les jurés n'ont dû répondre que sur l'intention coupable, adjugent des dommages-intérêts à la partie civile, alors qu'il est bien démontré par les débats que le fait ne pouvait exister sans criminalité. Il est bon, pour la dignité et le respect de la justice, que les cours d'assises évitent avec un soin scrupuleux tout ce qui peut ressembler à une contradiction avec le verdict du jury. Dans l'état actuel de la législation, de semblables résultats sont à craindre, et il me paraît difficile que la censure de la Cour de cassation parvienne à les empêcher.

Lorsque la cour d'assises n'a pas statué sur les dommages-intérêts de la partie civile restée étrangère aux débats criminels, il est hors de doute que celle-ci peut

(1) Conf. Mangin, n° 434; président Barris, 178ᵉ note.

porter son action civile devant les tribunaux civils. Merlin avait d'abord soutenu l'opinion contraire et l'on cherche en vain les motifs d'une pareille distinction. Comment concevoir que la personne lésée qui ne se serait pas constituée partie civile devant la cour d'assises, comme elle aurait pu le faire, aurait trouvé chez les magistrats composant cette cour, des pouvoirs qui n'auraient pas existé chez les tribunaux ordinaires dont la compétence naturelle embrasse toutes les questions de cette nature? Merlin, au reste, n'a pas tardé à revenir sur cette opinion, et, dans la quatrième édition de ses *Questions de droit*, il avoue qu'il s'était complétement trompé (t. VII, p. 134) (1).

Les tribunaux correctionnels et de simple police pourraient-ils de leur côté, en prononçant le renvoi du prévenu, parce que le fait ne constituerait ni délit, ni contravention, le condamner à des dommages-intérêts envers la partie civile? La négative est incontestable; nous voyons bien dans l'article 191 du Code d'instruction (*Conf.* art. 159) que le tribunal correctionnel, en renvoyant le prévenu, *statue sur les dommages-intérêts;* mais l'article 212 n'applique cette compétence qu'à l'adjudication des dommages-intérêts réclamés par le prévenu contre le plaignant. Comment expliquer que les tribunaux correctionnels et de police aient sur l'action civile moins de pouvoirs que la cour d'assises? La raison en est simple : si la partie

(1) Mangin, n° 434.

civile pouvait, malgré le renvoi du prévenu, demander encore qu'il fût condamné à des dommages-intérêts pour les faits reconnus constants et qui, sans être criminels, peuvent néanmoins donner lieu à des réparations civiles, il s'ensuivrait que toutes les fois qu'un individu lésé croirait avoir intérêt à suivre la voie criminelle plutôt que la voie civile, il ferait citer devant les tribunaux correctionnels, en les supposant coupables de délits, des individus qui, en réalité, n'auraient commis que des quasi-délits. De cette manière, les tribunaux civils se trouveraient dépouillés de leurs attributions et de la connaissance des faits de leur compétence. Le même inconvénient n'existe point pour les cours d'assises qui ne sont point saisies par les parties lésées, mais seulement par un arrêt de la chambre d'accusation sur les poursuites du ministère public.

La juridiction civile est donc seule compétente pour connaître de l'action en dommages-intérêts dirigée contre le prévenu renvoyé par le tribunal correctionnel, lorsque cette action sera possible. Car il est bien évident que, lorque le tribunal correctionnel aura motivé le renvoi sur ce que le fait n'existe pas ou que le prévenu ne l'a pas commis, le tribunal civil sera lié par le jugement criminel. Mais comme il peut arriver que ce jugement laisse subsister une incertitude sur l'existence du fait, sur la moralité, sur la participation du prévenu, l'action civile reste ouverte aux parties lésées, même lorsque le tribunal correctionnel ne l'a pas expressément réservée. Ces réserves sont d'ailleurs

complétement inutiles : l'action civile est indépendante
de l'action publique, et le jugement n'a statué que sur
cette dernière; ses causes d'extinction sont écrites
dans la loi et ne peuvent être suppléées par le juge; or,
d'après la doctrine que nous avons établie, la chose
jugée au criminel n'a d'effet sur le civil qu'autant que
l'instance civile devrait soulever la question déjà tranchée par le jugement criminel. Ce n'est pas ce que
nous voyons ici : ce jugement ne nie pas l'existence
du fait, il ne constate que la non-culpabilité du prévenu; le tribunal civil peut donc reprendre les faits, en
constater définitivement l'existence et les apprécier au
point de vue des intérêts privés. Le seul cas, a-t-on
remarqué avec raison, où les réserves exprimées par
le tribunal correctionnel pourraient avoir quelque utilité, serait celui où le jugement porterait que le fait
n'existe pas; alors on saurait que la non-existence du
fait n'a pas été la cause déterminante de l'acquittement
du prévenu et les réserves s'opposeraient à l'influence
qu'on voudrait lui attribuer sur l'action civile (1).

Nous avons examiné l'influence sur l'action civile
des jugements ou arrêts de condamnation, d'acquittement ou d'absolution. Reste à voir de quel effet peuvent être sur cette action les ordonnances et arrêts de
non-lieu. On peut, je crois, poser en règle générale
que, quelles que soient ces décisions rendues exclusivement pour l'instruction de l'affaire, les droits de la

(1) Mangin, n° 435; Le Sellyer, n° 2486; Faustin Hélie, t. III,
p. 779.

partie civile restent entiers. En effet, si elles se bornent à déclarer qu'il n'y a lieu à suivre, faute de charges suffisantes, elles n'établissent en aucune façon que le fait ne paraît pas réunir les caractères d'un crime ou d'un délit; reste donc la possibilité d'un quasi-délit, et c'est là ce que la juridiction civile devra apprécier. Si l'ordonnance ou l'arrêt de non-lieu déclare que le fait n'existe pas ou que l'accusé ne l'a pas commis, peu importe encore à la partie civile; le juge d'instruction et la chambre d'accusation n'ont statué qu'en l'état des charges; leur décision est provisoire, puisque s'il survient des charges nouvelles, si quelques indices ignorés du fait coupable se présentent, le ministère public pourra reprendre ses poursuites. Il est donc impossible de lui attribuer l'autorité de la chose jugée et l'effet de préjuger les actions subordonnées aux questions préjudicielles. « L'un des caractères constitutifs de la chose jugée, dit M. Mangin (n° 439), est l'irrévocabilité de la décision intervenue; et, ce caractère manque aux ordonnances et arrêts portant qu'il n'y a lieu à suivre faute de charges.... Que sont, aux yeux de la loi, des décisions semblables? Une déclaration de l'impuissance actuelle de la justice de constater l'existence du délit dénoncé ou d'en désigner l'auteur aux tribunaux; mais ces actes *ne jugent pas* qu'il n'existe point de délit, ils *ne jugent pas* que l'individu poursuivi comme auteur ne l'est pas réellement.... ce ne sont point des jugements prononçant définitivement sur l'existence du fait ou sur la culpabilité du prévenu. »

Il est indifférent que la partie lésée se soit, ou non, constituée partie civile devant le juge d'instruction. On a objecté que cette partie ayant pris la voie criminelle pour obtenir des dommages-intérêts, la voie civile doit lui être fermée. Ce motif n'a aucune valeur: ni le juge d'instruction, ni la chambre d'accusation ne sont compétents pour prononcer sur l'action civile résultant d'un fait punissable. Si la partie lésée se présente devant eux, ce n'est pas pour qu'ils statuent sur sa réclamation; c'est pour qu'ils renvoient le prévenu devant une juridiction qui puisse apprécier les réparations civiles. La loi ne défend à la partie lésée de prendre la voie civile, après avoir opté pour la juridiction criminelle, que parce qu'elle a entendu qu'elle trouverait devant celle-ci un juge compétent pour statuer sur sa demande. Du moment qu'il est décidé que les tribunaux criminels n'ont pas à connaître de l'affaire, la partie civile a évidemment le droit de porter son action ailleurs. Le sursis dont l'article 3 du Code d'Instr. crim. frappe cette action, est levé aussitôt qu'il est déclaré qu'il n'y a pas de délit à poursuivre. D'ailleurs qu'importe que la partie civile soit intervenue dans la poursuite? Nous avons dit que lorsqu'il s'agit d'établir l'existence d'un crime ou d'un délit, le ministère public agit aux risques, périls et avantages de toutes les personnes intéressées à la faire constater; si donc les décisions du juge d'instruction et de la chambre d'accusation étaient une autorité absolue pour statuer sur l'existence du fait punissable, elles auraient autorité sur l'action civile, que la partie lésée y fût intervenue ou non. Ce n'est que parce qu'elles sont provisoires qu'on doit leur refuser cette influence.

De là il résulte que, lorsqu'elles ont un caractère définitif, elles exercent sur l'action civile l'autorité de la chose jugée. Ceci se présente lorsqu'elles sont fondées sur l'appréciation *en droit* des faits de la poursuite; ainsi, le juge d'instruction ou la chambre d'accusation a décidé que l'action publique est éteinte par la prescription, la chose jugée, l'amnistie, que le fait incriminé ne constitue ni crime, ni délit, ni contravention. L'exception qui résulte d'une semblable déclaration est donc indépendante de toutes charges nouvelles qui pourraient survenir; elle a un caractère irrévocable et le jugement ou l'arrêt qui l'admet est définitif; il doit produire tous les effets que la loi attache à l'autorité de la chose jugée, à l'égal d'un arrêt de cour d'assises ou d'un jugement correctionnel; mais il les produit dans les mêmes limites, c'est-à-dire qu'il est restreint à ce qui est l'objet du litige et à ce qui a été formellement décidé. Si donc il a été déclaré que le fait incriminé n'est pas punissable, l'action civile continue à être recevable; car il peut rester dommageable et entraîner dès lors l'application de l'article 1382. S'il est déclaré que le délit est éteint par la prescription, la chose jugée, l'amnistie, l'action civile n'est pas nécessairement éteinte, puisque la prescription de l'action publique n'entraîne pas nécessairement celle de l'action privée,

que l'action publique peut avoir été définitivement jugée et l'action civile être restée entière, et nous avons
vu que l'amnistie laisse subsister les droits des parties
lésées.

SECTION III.

Causes d'extinction spéciales à l'action civile.—Droits de certaines administrations financières.

Nous venons de voir les causes d'extinction communes à l'action publique et à l'action civile ; de même que l'action publique s'éteint par certains modes
spéciaux, l'action civile peut disparaître pour des causes qui lui sont particulières. Nous les connaissons
déjà : ce sont la *renonciation* de la partie lésée à son
action, le *désistement* qu'elle donne de sa plainte, enfin
la *transaction* sur ses droits. Nous en avons examiné
les règles assez complétement pour être dispensé d'y
revenir. Il nous suffira de rappeler qu'en vertu du principe de l'indépendance de l'action publique, cette dernière action ne subit aucune atteinte des actes de la
partie civile, sauf qu'elle perd l'un de ses moteurs et
son auxiliaire le plus utile.

Pour la transaction notamment, l'art. 2046 C. Nap.
prend le soin de nous dire qu'elle n'exerce aucune influence sur la poursuite du ministère public. Cependant
la législation nous présente une exception à cette règle

générale ; elle se rattache aux droits qui ont été attribués à certaines administrations financières sur l'action publique. J'en dirai quelques mots.

L'administration des *Contributions indirectes* (1), celle des *Domaines*, celle des *Eaux et Forêts*, ont reçu des lois spéciales le droit de poursuivre les délits et contraventions qui blessent les intérêts qu'elles sont chargées de conserver : c'est une délégation partielle de l'action publique. A vrai dire, ces administrations ne sont, devant la justice, que des parties civiles ; mais comme le ministère public pourrait ne pas apporter à la protection des droits du fisc toute la vigilance et le zèle que ces intérêts exigent, on lui a adjoint les administrations elles-mêmes qui, chargées de la gestion des intérêts pécuniaires de l'État, sont mieux en état d'apprécier la gravité des infractions et l'intérêt de leur répression. Et comme on a cru voir dans les amendes et les confiscations prononcées en matière fiscale, non pas une simple peine, mais de véritables réparations civiles, on pensa qu'il était utile en même temps que logique de reconnaître à ces administrations le droit de conclure à l'application de ces amendes et de ces confiscations. Une bonne part de l'action publique passe donc

(1) Le droit de cette administration ne repose sur aucun texte précis ; la jurisprudence l'a fait sortir de l'ensemble des dispositions de la législation (loi du 5 ventôse an XII, art. 88, 89 et 90), et en particulier de celles qui lui donnent le droit de transiger dans les affaires résultant de procès-verbaux, de contravention et de saisie, et pouvant donner lieu à des confiscations et amendes (arrêté du 5 germinal an XII, art. 23 ; ordon. du 3 janvier 1821, art. 10).

aux mains des administrations financières dont il s'agit; mais les motifs mêmes qui ont fait établir l'exception aux principes généraux nous indiquent les termes dans lesquels il faut la restreindre. Ainsi, lorsque la contravention poursuivie est passible de l'emprisonnement, comme il est impossible d'attribuer à cette peine le caractère d'une réparation civile, le ministère public seul est en droit de la requérir. Toutefois, d'après les termes généraux des articles 159 et 183 du Code forestier, l'administration forestière exerce l'action publique sans aucune restriction, et elle peut conclure même à l'emprisonnement (*Aj.* loi du 15 avril 1829 sur la pêche fluviale, art. 36). Mais le ministère public conserve toujours sur les poursuites une haute surveillance, avec la faculté d'intervenir quand il le juge à propos.

Un point curieux à noter, en ce qui concerne les délits forestiers, c'est que l'administration et le ministère public poursuivent la condamnation aux dommages-intérêts et aux restitutions, même lorsque ces délits ont été commis dans des bois particuliers soumis au régime forestier; les parties lésées sont dispensées de se porter parties civiles. Les lois qui créent en cette matière une exception au droit commun, ont eu pour but de prévenir des délits qui sont de nature à se renouveler fréquemment, et pour y parvenir, elles ont voulu en assurer la complète réparation. Si les parties lésées n'obtenaient la réparation de leur préjudice qu'autant qu'elles se constitueraient parties civiles, il arriverait le plus ordinairement que, pour éviter les chances d'un procès, elles garderaient un silence encourageant pour les coupables. La loi a donc permis à l'administration et au ministère public d'agir dans leur intérêt. Mais les parties ne sont pas pour cela privées du droit d'agir elles-mêmes; elles peuvent poursuivre, intervenir dans l'instance, si elle est liée, transiger.

Ces diverses administrations ne sont que des parties civiles et pourtant elles exercent l'action publique dans une certaine mesure; cette dérogation aux principes explique l'exception que nous avons signalée au début de notre section. L'administration des contributions indirectes et celle des douanes ont le droit de transiger sur les délits et contraventions qu'elles peuvent poursuivre, et, par là, de faire tomber l'action publique (1). Je n'ai pas à rechercher dans quelles limites ce droit peut être exercé, à quelles infractions il peut être appliqué. Je me bornerai à une simple observation : puisque ces administrations n'exercent l'action publique qu'en ce qui concerne l'amende et la confiscation, il me semble que lorsque les délits et contraventions sont passibles de l'emprisonnement, leur droit de transaction s'arrête; cette peine paraît indiquer qu'à leur caractère spécial se joint un élément de droit commun; or, le ministère public seul est compétent pour poursuivre des délits de droit commun; seul, il a l'exercice de l'action et je ne comprendrais pas que des parties

(1) Loi du 9 floréal an VII (tit. IV, art. 17); arrêtés du 14 fructidor an X, du 5 germinal an XII).

civiles même privilégiées pussent, par leur transaction, annihiler le pouvoir que la loi générale lui a confié (1).

(1) Legraverend, t. I, p. 617; Le Sellyer, n° 2194; Faustin Hélie, t. III, p. 766. — *Contrà*, Bourguignon, sur l'art. 4, Cod. inst. crim., n° 2; Mangin, t. I, n°s 44, 47 et 48.

TABLE DES MATIÈRES.

Droit français. — De l'action civile.

PARIS. — IMP. V. GOUPY ET Cᵉ, RUE GARANCIÈRE,

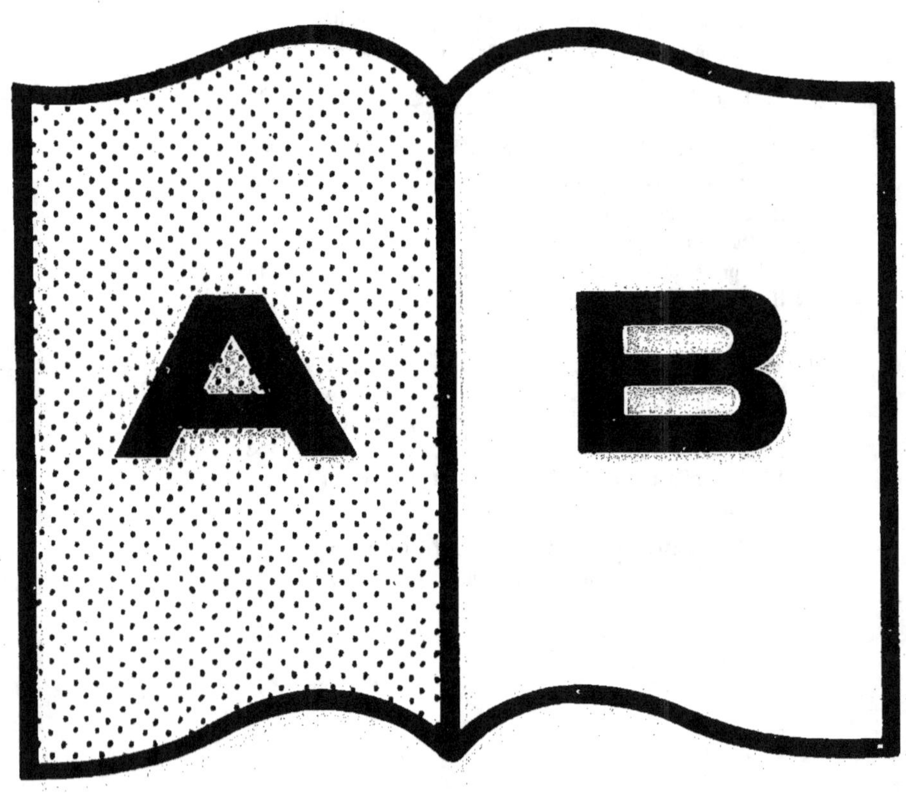

Contraste insuffisant

NF Z 43-120-14

www.ingramcontent.com/pod-product-compliance
Lightning Source LLC
LaVergne TN
LVHW051100060726
842525LV00003B/722